民國文化與文學研究文叢

五　編

李　怡　主編

第 13 冊

晚清民國彈詞述略

童李君　著

國家圖書館出版品預行編目資料

晚清民國彈詞述略／童李君 著 -- 初版 -- 新北市：花木蘭文化
出版社，2015〔民 104〕
序 2+ 目 2+142 面；19×26 公分
（民國文化與文學研究文叢 五編：第 13 冊）
ISBN 978-986-404-255-5（精裝）
1. 彈詞 2. 民間文學 3. 文學評論
541.26208   104012149

特邀編委（以姓氏筆畫為序）：

ISBN- 978-986-404-255-5

9 789864 042555

丁　帆	王德威	宋如珊
岩佐昌暲	奚　密	張中良
張堂錡	張福貴	須文蔚
馮　鐵	劉秀美	

民國文化與文學研究文叢
五　編　第十三冊   ISBN：978-986-404-255-5

晚清民國彈詞述略

作　　者	童李君
主　　編	李　怡
企　　劃	四川大學現代中國文化與文學研究中心
	北京師範大學民國歷史文化與文學研究中心
總 編 輯	杜潔祥
副總編輯	楊嘉樂
編　　輯	許郁翎
出　　版	花木蘭文化出版社
社　　長	高小娟
聯絡地址	235 新北市中和區中安街七二號十三樓
	電話：02-2923-1455／傳眞：02-2923-1452
網　　址	http://www.huamulan.tw 信箱 hml 810518@gmail.com
印　　刷	普羅文化出版廣告事業
初　　版	2015 年 9 月
全書字數	122245 字
定　　價	五編 24 冊（精裝）新台幣 45,000 元

晚清民國彈詞述略

童李君　著

作者簡介

童李君，女，1982 年 12 月出生，江蘇蘇州人，中共黨員，蘇州市職業大學教育與人文學院副教授，揚州大學古代文學博士，蘇州大學現當代文學博士後，主要研究方向爲元明清文學、中國通俗文學。參與國家重點項目 1 項、教育部青年項目 2 項，主持省部級項目 2 項、校級項目 3 項；出版合作專著 1 部，主參編教材 2 部；在《明清小說研究》《魯迅研究月刊》等期刊發表論文 20 多篇。2012 年江蘇省「青藍工程」優秀青年骨幹教師培養對象。

提　　要

　　本書對晚清民國彈詞的發展軌跡進行了初步梳理。第一章、晚清民國彈詞演出的轉變，主要從彈詞演出中心的轉移、女藝人的發展流變、演出場所的擴大、演出書目的多樣化、彈詞與廣告、演唱形式的新面貌等幾個方面探討了彈詞演出及其聽眾在近現代的轉變。第二章、晚清民國男作家彈詞研究，從「小說界革命」的號召、報刊主編的倡導、創作者的積極響應等三個方面分析了這一階段男作家彈詞創作興盛的原因，在介紹男作家彈詞主要類型的同時也從彈詞文本傳播形式的改變、彈詞題材及敘事方式的轉變、彈詞理論研究的加強、注重彈詞創作的演唱適用性等幾個方面，探討了他們創作的特點。第三章、晚清民國女作家彈詞研究，主要介紹了這一階段女作家彈詞的概況以及代表性作品如《精衛石》、《風流罪人》、《杜鵑血》等，對女作家彈詞在此階段所展現的獨特魅力及其歷史意義和最終衰落的原因作了較爲深入細緻的探討。第四章、晚清民國彈詞文本的傳播與接受，重點考察了鉛印、石印技術的發展和報刊的出現對彈詞文本的傳播所產生的巨大影響。附錄《清末民初報刊彈詞目錄》依據近現代報刊整理而成，在對現有彈詞目錄起到一定補充作用的同時，也使讀者對這一時期的報刊彈詞文本有一個清晰的瞭解。

國家社科基金重大項目
「百年中國通俗文學價值評估、閱讀調查及資料庫建設」
（13&ZD120）

民國文學：闡釋優先，史著緩行
——第五輯引言

李 怡

　　中國學界提出「民國文學」的概念已經超過十五年了，[註1] 在新一波的文學史寫作的潮流之中，人們對民國文學的研究也出現了一種期待，就是希望盡快見到一部《民國文學史》，似乎只有完整的文學通史才足以證明「民國文學」研究的合理性，或者說在當前林林總總的文學史寫作意見裏，證明自己作爲新的學術範式的存在。在我看來，受各種主客觀條件的限制，目前最需要開展的工作還不是撰寫一部體大慮深的文學史著，而是努力從不同的角度深入勘探、考察，對這一段歷史提出新的解釋。

一

　　眾所周知，中國文化具有悠久漫長的「治史」傳統。在一個宗教裁決權並沒有獲得普遍認可的國度，人們傾向於相信，通過歷史框架的確立可以達到某種裁決與審判的高度，所謂「名刊史冊，自古攸難，事列春秋，哲人所重。」[註2] 中國最早的史官除了司職記事，還負責主持祭祀，占卜吉凶，溝通神靈。史不僅可以成爲「資治通鑒」，甚至還具有某種道德的高度，所謂「孔子成《春秋》，亂臣賊子懼」，[註3] 史家如司馬遷等也是以「究天人之際，通古今之變」自我期許。

〔註1〕中國大陸最早的「民國文學」設想出現在 1997 年（陳福康），最早的理論倡導出現在 2000 年代早期（張福貴）。

〔註2〕劉知幾撰，浦起龍釋：《史通通釋・人物》第 240 頁，上海：上海古籍出版社 1978 年版。

〔註3〕《孟子・滕文公章句下》，見楊伯峻《孟子譯注》上冊 155 頁，中華書局 1960 年版。

　　文學史的出現原本是現代的事物，它顯然不同於古代的史官治史，這種來自西方的學術方式更屬於學院派知識份子的個體行為。但是，歷史的因襲依然存在，尤其是在一些世代交替的時節，無論是政治家還是知識份子本身，都自覺不自覺地認定「著史」可以樹立某種新的「標準」，完成對過往事物的「清算」。於是，如下一些史著的意義是可以被我們津津樂道的：

　　奠定中國現代文學學科的基礎是王瑤先生的《中國新文學史稿》。集中代表了撥亂反正過渡時期的文學史觀的是唐弢、嚴家炎先生主編的《中國現代文學史》。

　　體現了新時期的現代文學視野、集中展示研究新成果的是錢理群、陳平原、溫儒敏等人的《中國現代文學三十年》。

　　生動體現著「重寫文學史」意義的是陳思和的《中國當代文學史》。

　　展示 1990 年代以降學術研究的「歷史化」傾向的是洪子誠的《中國當代文學史》。

　　揭示「文學周邊」豐富景觀的是吳福輝獨撰的插圖本《中國現代文學史》。

　　錢理群主編的最新三卷本《中國現代文學編年史》展示了以「廣告為中心」的文學生產、流通、接受及其他社會文化環節，讓文學敘述的圖景再一次豐富而生動。

　　今天，隨著「民國文學」研究的呼聲漸起，在一系列命名和概念的討論之後，應該展示更多的文學史研究實績，只有充分的實績才能說明「民國社會歷史框架」的確具有特殊的文學視野價值，如何集中展示這些實績呢？目前容易想到的似乎就是編寫一部紮實厚重的《民國文學史》。

　　但是，在我看來，文學史編寫的工作固然重要卻又不可操之過急。因為，今天所倡導的「民國文學」，並不僅僅是一個名稱的改變（以「民國」替代「現代」），更重要的是一些研究視角和方法的調整。這些重要的改變至少包括：

　　正視民國歷史的特殊性，而不是簡單流於「半封建半殖民地」等等的簡略判斷。據史學界的知識考古，「半封建」一詞曾經出現在馬克思、恩格斯筆下，列寧第一次分別以「半封建」「半殖民地」指稱中國，以後共產國際以此描述中國現實，「半殖民地」一說並先後為中國國民黨人與中國共產黨人所接受，又經過蘇聯內部的理論爭鳴及共產國際的理論演繹，「半

封建半殖民地」的並稱出現在 1926 年以後，〔註4〕又經過 1930 年代初的「中國社會性質問題論戰」，逐步成爲中共領導的馬克思主義史學的基本概括。到延安時期，毛澤東最爲完整清晰地論述了這一學說，從此形成了對中國知識份子歷史認知的主導性影響，直到今天應該說都有其獨到的深刻的一面。但是作爲一種總體的社會性質的認定，是不是就完全揭示了民國歷史的特點呢？就不需要我們具體的歷史問題的研究了呢？當然不是。例如對「封建」一詞的定義在史學界一直爭議不已，民國時代的經濟已經明顯走上了資本主義的發展道路，忽略這一現實就無法解釋中國近現代工商業文化對於文學市場的重要作用，辛亥革命之後的中國儘管軍閥混戰，也難掩其專制獨裁的性質，但是卻也不是「帝國主義買辦與走狗」這樣的情感宣泄就能「一言以蔽之」的。對於民國史，國外史學界同樣多有研究，有自己的性質認定，這也需要我們加以研讀和借鑒。之所以強調這一點，乃是因爲在此之前的《中國現代文學史》，幾乎都是以主流史學界的社會性質概括作爲文學發展的前提，從舊民主主義革命到新民主主義革命就是中國現代文學發生發展的基礎，文學的偉大和深刻就在於如何更加深刻地反映了這一歷史過程，1980 年代以後，爲了急於從這些政治判斷中脫身，我們的文學史又試圖在「回到文學自身」的訴求中另闢蹊徑，所謂「審美的文學史」成爲了口號，但是關於中國現代文學在民國時代的諸多歷史基礎的辨析卻被擱置了起來，今天，如果不能正視民國歷史的特殊性，也就不能在文學的歷史前提方面有眞正的突破。

　　發掘民國社會的若干細節，揭示中國現代文學生存發展的具體語境。無論是政治、經濟、社會文化等方面，民國社會的種種特徵都直接影響了現代中國文學的生產、傳播和接受，決定著文學的根本生存環境。關於這方面的研究，最近幾年已經在「文化研究」的推動下頗有收穫，不過，鑒於文化研究在來源上的異質性，實際上我們的考察也還較多地襲用外來的文化

〔註4〕 一般認爲，1926 年上半年，蔡和森在莫斯科中共旅俄支部會上作《中國共產黨的發展（提綱）》，已經提到「半殖民地和半封建的中國」和「半封建半殖民地的國家」（《聯共（布）、共產國際與中國國民革命運動（1926～1927）》，下冊第 408 頁，北京圖書館出版社，1998 年），另據李洪岩考證，最早的「半殖民地半封建」字樣，則是 1926 年 9 月 23 日莫斯科中山大學國際評論社編譯出版的中文周刊《國際評論》創刊號上的發刊詞，見《半殖民地半封建理論的來龍去脈》（《中國社會科學院近代史研究所青年學術論壇 2003 年卷》，社會科學文獻出版社，2005 年）。

理論，沒有更充分地回到民國自己的歷史環境。例如性別研究、後殖民批判、大眾文化理論等等的運用，迄今仍有生吞活剝之嫌。要真正揭示這些歷史細節，就還需要完成大量紮實的工作，例如民國經濟在各階段的發展與營運情況，各階層的經濟收入及其演變，社會分化與社會矛盾的基本情形，經濟與政治權利的區域差異問題，法制的發展及對私人權利（包括著作、言論權利）的保護與限制，軍閥政治對輿論及思想的控制方式，國民黨政權對輿論及思想的控制方式，國民政府時期的「黨政關係」及其內在的間隙，國民黨內部各派系的矛盾及其對思想控制的影響，民國各時期書報檢查制度的制定與實施情況，民國時期出版人、新聞人、著作人各自對抗言論控制的方式及效果，主流倫理的演變及民間道德文化的基本特點，文學出版機構的經營情況與文學傳播情況，民國時期作家結社及其他社會交往的細節等等，所有這些龐雜的內容倉促之間，也很難為「文學史」所容納，在一個相當長的時間裏都將成為文學研究的具體話題。

解剖民國精神的獨特性、民國文本的獨特性，凸顯而不是模糊這一段文學歷史的的形態。文學史究竟是什麼史？這個問題討論過很多年，至今也可能存在不同的意見，在我看來，儘管我們今天一再強調歷史研究與文化研究的重要性，但是所有這些討論最終還都應該落實到對於文學作品的解釋中來，否則文學學科的獨立性就不復存在了。最近幾年，民國文學研究的倡導與質疑並存，但更多的時候還都停留在口號的辨析和概念的爭論當中，就文學研究本身而論，這樣並不是對學術發展的真正推進。如果民國文學研究的提倡不能以大量的具體文學作品的闡釋為基礎，或者說民國文學的理念不能落實為一系列新的文學闡釋的出現，那麼這一文學史框架的價值就是相當可疑的；如果我們尚不能對若干文學作品的獨特性提出新的認識，那麼又何以能夠撰寫一部全新的《民國文學史》呢？

以上幾個方面的工作都是一部新的文學史寫作的必須的前提。我們的文學史的新著，從大的歷史框架的設立與理解到局部事件的認定和把握，乃至作為歷史事件呈現的文本的闡釋都與應該此前我們熟悉的一套方式——革命史話語、現代性話語——有所不同，如果只是抓住名稱大做文章，幾乎可以肯定的是，其結果必然很快陷入到業已成熟的那一套知識和語言中去，所謂「民國文學史」也就名不副實了。早在 1994 年，人民出版社就出版過《中國民國文學史》，這個奇特的書名——不是「中華民國文學史」而是「中國民國

文學史」──顯然反映出了當時的某種政治禁忌，平心而論，在 10 年前，能夠涉及「民國」二字，已屬不易，對於其中所承受的禁忌，我們深表理解；但是也的確因爲這一禁忌的存在，所謂「民國」的諸多歷史細節都未能成爲文學史觀察和分析的對象，所以最終的成果還是普遍性的「現代化」歷史框架，「中國民國文學史」的主體還是不折不扣的「現代文學三十年」，對歷史性質、文學意義的描述都依然如故，對作家的認定、作品的解釋一如既往，只不過增加了一點補充：民國建立到五四新文化運動發生的幾年。這樣的文學史著，自然還不是我們理想中的「民國文學史」。

二

當然，能夠標舉「民國」概念的文學史論已經出現了，這就是臺灣學者尹雪曼主編的《中華民國文藝史》及周錦主編的《中國現代文學研究叢刊》系列叢書，也包括最近兩岸學者的最新努力。

尹雪曼（1918～2008），本名尹光榮，河南汲縣（今衛輝市）人。抗戰時期西北聯合大學畢業，美國密西里大學新聞學院文學碩士。曾主編重慶《新蜀夜報》副刊，在上海、天津、西安等地擔任報社記者，1949 年去臺灣。曾任臺灣中國作家藝術家聯盟會長，《中華文藝》月刊社社長，在成功大學、中國文化大學等校任教。自 1934 年起，創作發表了小說、散文及文學評論多種。是很有代表性的遷臺作家。周錦（1928～1992），江蘇東臺人，1949年赴臺，曾經就讀於臺灣師範大學、淡江大學等，後創辦燕智出版社，擔任臺北中國現代文學研究中心主任。兩人的最大貢獻便是撰寫、主編或者參與編撰了一系列的中國現代文學研究論著，在新文學記憶幾近中斷的臺灣，第一次系統地總結了五四以來的中國文學發展歷史，尹雪曼撰寫有《現代文學與新存在主義》、《五四時代的小說作家和作品》、《鼎盛時期的新小說》、《抗戰時期的現代小說》、《中國新文學史論》、《現代文學的桃花源》，總纂了《中華民國文藝史》。〔註 5〕其中，《中華民國文藝史》大約是第一部以「民國」命名的大規模的系統化的文學史著作，民國歷史第一次成爲文學史「正視」的對象；周錦著有《中國新文學史》、《朱自清作品評述》、《朱自清研究》、《〈圍城〉研究》、《論呼蘭河傳》、《中國新文學大事記》、《中國現代小說編目》、《中國現代文學作家本名筆名索引》、《中國現代文學作品書名大辭典》、《中國現

〔註 5〕《中華民國文藝史》由臺北正中書局 1975 年初版。

代文學鄉土語彙大辭典》等，此外還主編了《中國現代文學研究叢刊》三輯共 30 本，於 1980 年由成文出版社有限公司印行出版。《中國現代文學研究叢刊》的史論也具有比較鮮明的「民國意識」。《中國現代文學研究叢刊編印緣起》這樣表達了他的「民國意識」：

> 中國新文學運動，是隨著中華民國的誕生而來。儘管後來有各種文藝思潮的激盪以及少數作家思想的變遷，但中國現代文學卻都是在國民政府的呵護下成長茁壯的……〔註6〕

這樣的表述，固然洋溢著大陸文學史少有的「民國意識」，不過，認真品讀，卻又明顯充滿了對國民黨政權形態的皈依和維護，這種主動向黨派意識傾斜，視「民國」爲「黨國」的立場並不是我們所追求的學術客觀，也不利於眞正的「民國」的發現，因爲，眾所周知的事實是，疲於內政外交的「國民政府」似乎在「呵護」民國文學方面並無傑出的築造之功，嚴苛的書報檢查制度與思想輿論控制也絕不是現代文學「成長茁壯」的理由。民國文學的眞實境遇難以在這樣的意識形態偏好中得以呈現。

　　同樣基於這樣的偏好，民國文學的優劣也難以在文學史的書寫中獲得准確的評判，例如尹雪曼《中華民國文藝史・導論》作出了這樣概括：「中華民國的文藝發展，雖然波瀾壯闊，變幻無常；但始終有民族主義和人文主義作主流；因而，才有今日輝煌的成就。」「至於所謂『三十年代』文藝，則不過是中華民國文藝發展史中的一個小小的浪花。當時間的巨輪向前邁進，千百年後，再看這股小小的浪花，只覺得它是一滴泡沫而已。其不值得重視，是很顯然的。」〔註7〕

　　民國時期的現代文學是不是以「民族主義」爲主流，這個問題本身就值得討論，至少肯定不會以國民政府支持下的「民族主義文藝運動」爲主導，這是顯而易見的；至於所謂的「三十年代文藝」當指 1930 年代的左翼文學，事實上，無論就左翼文學所彰顯的反叛精神還是就當時的社會影響而言，這一類文學選擇都不可能是「一個小小的浪花」、「是一滴泡沫而已」，漠視和掩蓋左翼文學的存在，也就很難講述完整的民國文學了。

　　由此看來，20 世紀下半葉的冷戰不僅影響了大陸中國的學術視野，同樣扭曲了海峽對岸的學術認知。受制於此的文學史家，雖然不忘「民國」，但他

〔註6〕周錦：《中國新文學簡史》1 頁，臺北成文出版社 1980 年。
〔註7〕尹雪曼總纂：《中華民國文藝史》1 頁，臺北正中書局 1975 年。

們自覺不自覺地要維護的中華民國依然是以國民黨統治爲唯一合法性的「黨國」，民國社會歷史的眞正的豐富與複雜並不是「黨國」意識關心的對象。以民國歷史的豐富性爲基礎構建現代中國的文學敘述，始終是一個難題，對大陸如此，對臺灣也是如此。

當然，考慮到臺灣歷史與文學的種種情形，《民國文學史》的寫作可能還會再添一個難度：如何描述海峽對岸當今的文學狀況，是排除於我們的「民國文學史」還是繼續延伸囊括，〔註8〕排除於現實不符，從「民國」敘述轉向「臺灣」敘述，恐怕也正是「獨派」的願望，相反，努力將「臺灣」敘述納入「民國」敘述才能體現中華統一的「政治正確」；不過，納入卻也同樣問題重重，「民國」與「人民共和國」並行，不僅有悖於「一個中國」的基本政治理念，就是在當下的臺灣也糾纏不清。我們知道，在今日，繼續奉「民國」之名的臺灣目前正大張旗鼓地推進「臺灣文學」甚至「臺語文學」，所謂「民國文學」至少也不再是他們天然認同的一個概念，學術考察如何才能反映出研究對象本身的思想追求，這個問題也必須面對。也就是說，在今日臺灣，「民國」之說反倒曖昧而混沌。

2011 年，臺灣學者陳芳明、林惺嶽等著的《中華民國發展史·文學與藝術》出版，較之於此前冷戰時期的文學史，這一著作終於跳出了「黨國」意識的束縛，體現出了開闊的學術視野，〔註9〕但是由於歷史的阻隔，關於民國文學的豐富細節都未能在這一史著中獲得挖掘，我們看到的章節就是：百年來文學批評的開展與轉折，百年女性文學，百年現代詩發展與自我身份的探求，故事萬花筒——百年小說圖志，美學與時代的交鋒——中華民國散文史的視野，百年翻譯文學史，從啓蒙救亡開始：中華民國現代戲劇百年發展史等等。從根本上說，《中華民國發展史·文學與藝術》由多位學者合作，各自綜述一個獨立的文學藝術領域，在整體上更像是一部各種文學藝術現象的概觀彙集，而不是完整的連續的歷史敘述。

也是在 2011 年，大陸學者湯溢澤、廖廣莉出版了《民國文學史研究》

〔註8〕 丁帆先生試圖繼續延伸民國文學的概念，他區分了政治意義的「民國」和作爲文化遺產的「民國」，試圖以此作爲破解難題的基礎，不過這一延伸也不得不面對與臺灣作家及臺灣學者對話、溝通的問題（見《關於建構民國文學史過程中難以迴避的幾個問題》，《當代作家評論》2012 年 5 期）。

〔註9〕 陳芳明、林惺嶽等著：《中華民國發展史·文學與藝術》，臺灣政治大學、聯經出版公司 2011 年。

（1912-1949）。﹝註10﹞湯先生是中國大陸較早呼籲「民國文學史」研究的學者，在這一部近 40 萬字的著作中，他較好地體現了先前的文學史設想：回歸政治形態命名的歷史記事，上溯民國建立的文學發端意義，恢復民國時期文學發展的多元生態。可以說這都觸及到了「民國文學史」的若干關鍵性環節，《民國文學史研究》由「史觀建設」與「編史嘗試」兩大部分組成，前者討論了民國文學史寫作的必要性，後者草擬了「民國文學史綱」，嚴格說來，「史綱」更像是民國時期文學的「大事記」，似乎是湯先生進一步研究的材料準備，尚不能全面體現他的「民國文學史」面貌。

海峽兩岸的學者都開始彙集到「民國文學」的概念下追述歷史，這令人鼓舞，但目前的成果也再次說明，書寫一部完整的《民國文學史》，無論是史觀還是史料，都還有相當的欠缺，時機尚未成熟，同志仍需努力。

三

民國文學史，在沒有解決自己的史觀與史料的時候，實在不必匆忙上陣。在我看來，民國文學研究在今天的主要任務還是對民國社會歷史中影響文學的因素展開詳盡的梳理和分析，對現代文學歷史演變中的一些關鍵環節與民國社會各方面的關係加以解剖，如民國建立與新文學出現的關係、民國社群的出現與現代文學流派的形成、民國政黨文化影響下的思想控制與文學控制、民國戰爭狀態下的區域分割與文學資源再分配等等，至於文學自身力量也不能解決的文學史寫作難題當然更可以暫時擱置（如當代臺灣文學進入民國文學史的問題）。只要我們並不急於完成一部完整系統的民國文學史，就完全可以將更多的精力放在民國文學一個一個的具體問題之上，可供我們研究範圍也完全可以集中於民國建立至人民共和國建立這一段，我想，海峽兩岸的學者都可以認定這就是「民國歷史」的「典型」時期，這同樣可以為我們的雙邊交流營造共同的基礎。在民國文學史誕生之前，我們應該著力於歷史更多更豐富的細節，對細節的了悟有助於我們歷史智慧的增長，而歷史智慧則可以幫助我們最終解決這樣或那樣的歷史書寫的難題。

那麼，在一部成熟的《民國文學史》誕生之前，還有哪些課題需要我們清理和辨析呢？

﹝註10﹞湯溢澤、廖廣莉：《民國文學史研究》（1912～1949），吉林大學出版社 2011 年。

　　我覺得在下列幾個方面，還有必要進一步研討。

　　一是「民國文學」研究究竟能夠做什麼。隨著近幾年來學界的倡導，對於「民國文學」研究的優勢大約已經獲得了基本的認識，但是也有學者提出了自己的疑慮：研討民國文學，對於那些反抗民國政府的文學該如何敘述？例如左翼文學、延安文學。或者說，民國文學是不是就是國統區追求民主、自由這類「普世價值」的文學，「民國機制」是不是與「延安道路」分道揚鑣？在我看來，「民國文學」就是一種近現代中國進入「民國時期」以後所有文學現象的總稱，既包括國統區的文學，也包括解放區的文學，因為「民國」不等於「黨國」，也代表了某種「革命者」共同的「新中國」的夢想，左翼文化、解放區反抗的是一黨專制的「黨國」，而不是民主自由均富的「新中國」，尤其在抗戰時期，當解放區轉型為民國的特區之後，更是恰到好處地利用了民國的憲政理想為自己開闢生存空間，為自己贏得道義與精神上的優勢，只有在作為「新中國」的「民國」場域中，左翼文學與延安文學才體現出了自己空前的力量，「延安道路」才得以實現。「民國文學」也不是歌頌民國的文學，相反，反思、批判才是民國時期知識份子的主流價值取向，所以，我們可以發現，「民國批判」往往是民國文學中引人矚目的主題，左翼文學精神恰恰是民國時代一道奪目的風景，儘管它的文學成就需要實事求是地估價。在這個意義上，民國文學史的研究肯定是中國近現代史學的組成部分，而不是大眾時尚潮流（如所謂「民國熱」）的結果。

　　民國文學研究更深入的理論問題還在於，這樣一種新的文學史研究範式的出現究竟有什麼深刻的學術意義？對整個文學史研究的進行有何啟發？我認為，相對於過去強調「現代性」時間意義的「中國現代文學史」而言，「民國文學史」更側重提醒我們一種「空間」的獨特性，也就是說，從過去的關注世界性共同歷史進程的「時間的文學史」轉向挖掘不同地域與空間獨特涵義的「空間的文學史」，以空間中人的獨特體驗補充時間流變中的人類共同追求，這就賦予了所謂「民族性」問題、「本土性」問題與「中國性」問題更切實的內涵，從此出發，中國文學研究的新範式也許可以誕生？

　　二是「民國文學」研究當以大量的具體文學現象的剖析為基礎。這一方面是繼續考察各類民國文化現象對於文學發展的重要影響，包括經濟、政治、法律、教育、宗教之於文學發展的動力與阻力，也包括各區域文化現象對於文學生長的有形無形的影響，包括民國時期一些重要的歷史事件對於文學的

特殊作用，例如國民革命。過去我們梳理中國現代的「革命文學」，一般都從
1927 年大革命失敗之後的無產階級文學倡導開始，其實「革命」是晚清以來
就一直影響思想與現實的重要理念，中國現代文學的「革命意識」受到了多
重社會事件的推動，從晚清種族革命到國民革命再到無產階級革命等等都在
各自增添新的內容，仔細追溯起來，「革命文學」一說早在國民革命之中就產
生了，國民革命也裹挾了一大批的中國現代作家，爲他們打上了深刻的「革
命」意識，不清理這一民國的重要現象，就無法辨析文學發展的內在脈絡。
大量現代文學現象（特別是文學作品）的再發現、再闡釋是民國新視野得以
確立的根據。如果我們無法借助新的視野發現文學文本的新價值，或者新的
文學細節，就無法證明「民國視野」的確是過去的「現代文學視野」能夠代
替的。所幸的是，最近幾年，一些年輕的學者已經在「民國機制」的視野下，
發掘了中國現代文學的新的內涵。這裡僅以《文學評論》雜誌爲例：顏同林
從「法外權勢的失落與村落秩序的重建」這一角度提出對趙樹理小說的嶄新
認識〔註 11〕，周維東結合延安文化，剖析了解放區文學「窮人樂」主題的意
味〔註 12〕，李哲發現了茅盾小說中沉澱的民國經濟體驗〔註 13〕，鄔冬梅結合
1930 年代的民國經濟危機重新解讀了左翼文學〔註 14〕，羅維斯發現了民國士
紳文化對茅盾小說的影響〔註 15〕，張武軍透過「民國結社機制」挖掘了從南
社到新青年同仁的作家群體聚散規律，賦予社團流派研究全新的方向〔註
16〕。在重新研討新文學發生過程的時候，李哲發現了北京大學教育「分科」
的特殊意義〔註 17〕，王永祥則解剖了民國初年的國家文化所形成的語境與氛
圍〔註 18〕。這樣的研究都在很大程度上突破了過去的「現代文學」研究視域，
通過自覺引入民國歷史視角而推動了文學史研究的發展。

〔註11〕顏同林：《法外權勢的失落與村落秩序的重建──以趙樹理四十年代小説爲
例》，《文學評論》2012 年 6 期。

〔註12〕周維東：《解放區的天是明朗的天──延安時期的移民運動與「窮人樂」敘
事》，《文學評論》2013 年 4 期。

〔註13〕李哲：《經濟·文學·歷史──〈春蠶〉文本的三個維度》，《文學評論》2012
年 3 期。

〔註14〕鄔冬梅：《民國經濟危機與 30 年代經濟題材小說》，《文學評論》2012 年 3 期。

〔註15〕羅維斯：《「紳」的嬗變──《動搖》的一種解讀》，《文學評論》2014 年 2 期。

〔註16〕張武軍：《民國結社機制與文學的演進》，《文學評論》2014 年 1 期。

〔註17〕李哲：《分科視域中的北京大學與「新文化運動」》，《文學評論》2013 年 3 期。

〔註18〕王永祥：《《新青年》前期國家文化的建構與新文學的發生》，《文學評論》2013
年 5 期。

當然，類似的文本再解釋、歷史再發現工作還遠遠不夠，我們期待更多的研究者加入。

三是對於從歷史文化的角度闡釋現代文學的這一思路本身也要不斷反思和調整。在相當多的情況下，民國文學研究與現代文學研究都擁有相似的研究對象，相近的研究方法，不過，相對而言，「民國」一詞突出的國家歷史的具體情態，「現代」一詞連接的則是世界歷史的共同進程。所以，所謂的民國文學研究理所當然就更加突出民國歷史文化的視角，更自覺地從歷史文化的角度來分析解剖文學的現象，倡導文學與歷史的對話。鑒於民國歷史至今仍然存在諸多的晦暗不明之處，對於歷史的澄清和發現往往就意味著主體精神的某種解放，所以澄清外在歷史真相總是能夠讓我們比較方便地進入到人的內在精神世界之中，因而作為精神現象組成部分的文學也就得到了全新的認識。最近幾年，中國現代文學研究中較有收穫的一部分就是善於從民國史研究中汲取養分，詩史互證，為學術另闢蹊徑，文學研究主動與歷史研究對話，歷史研究的啓發能夠激活文學研究的靈感，「民國文學」的概念賦予「現代文學」研究以新機。雖然如此，我們也應該不斷反思和調整，因為，隨著歷史研究、文化研究在文學考察中的廣泛運用，新的問題也已經出現，那就是，我們的文學闡述因此而不時滑入到了純粹的歷史學、社會學之中，「忘情」的歷史考察有時竟令我們在遠離文學的他鄉流連忘返，遺忘了文學學科的根本其實還是文學作品的解釋。捨棄了這一根本，模糊了學科的界限，我們其實就面臨著巨大的自我挑戰：面向文學的聽眾談歷史是容易的，就像面對歷史的聽眾談文學一樣；但是，如果真的成了面對歷史的聽眾談歷史，那麼無疑就是學科的冒險！對此，每一位文學學科出身的學人都應該反覆提醒自己：我準備好了嗎？

在這個意義上，我們應該始終牢記，從歷史文化的角度研究文學，最終也需要回到「大文學本身」，民國文學研究對民國時期文學現象的研究，而不是以文學為材料的民國研究。將來我們可能要完成的也不是信馬由繮的《民國史》而是不折不扣的《民國文學史》。

沒有對這些研究前提、研究方法的反思，就不會有紮實的研究，當然最終的文學史是什麼樣子，也就難以預期了。闡釋優先，史著緩行，民國文學史的寫作，當穩步推進。

童李君《晚清民國彈詞述略》序

湯哲聲

　　童李君是揚州大學董國炎教授的博士研究生，方向是中國古代小說研究。博士研究生畢業之後她加入我的研究團隊，進行博士後研究，《晚清民國彈詞述略》是她的博士後出站報告。

　　彈詞是爲中國普通民眾所喜聞樂見的中國傳統的說唱藝術，歷史悠久，成就輝煌，是中國文化重要的組成部分。中國人喜歡彈詞，中國文人也喜歡研究彈詞，梁啓超、胡適、鄭振鐸等人都有很多有關彈詞的研究著述。至今爲止，雖不像小說詩歌研究那麼熱烈，彈詞研究卻也延綿不斷。如果將前人研究彈詞的成果與童李君這部《晚清民國彈詞述略》比照起來看，就會發現她的這部著作是中國彈詞研究的一大拓展。前人的研究主要集中在清代，童李君將彈詞研究拓展到民國。時代的拓展不僅僅是時間的延長，而且是空間的移換。在童李君的研究中，我們看到了中國彈詞的演出中心怎樣從廣泛集中走向了清中期的江浙地區，又怎樣從江浙地區集中在晚清民國時期的蘇州、上海。演出中心的變換就是美學風格和表現方式的變換。蘇州、上海地區的地域性和現代都市化的形成自然就對晚清民國時期的中國彈詞的美學及其表現方式產生了深刻地影響。通俗小說的改編以及彈詞的小說結構、電臺說書以及聲音的表現形式、報刊的傳播以及廣告的推介，中國彈詞伴隨著中國社會的進程一起進入了現代時期。面對一個全新的研究空間，如何統領材料，確立研究視角，無疑是對研究者的學術挑戰，應該說，童李君表現得相當出色。她採用了性別的方式分別對男性作家和女性作家進行了研究。由於彈詞藝術性別特點相當突出，用性別的方式分類研究，既條理清晰，又特點熨帖。作者以她的學術才華展示其著作的與眾不同。與小說詩歌相比較，彈

詞作品少有整理和彙編，特別是民國時期的彈詞，幾乎沒有完整地整理過，作品散見在各種報刊之中。從這部著述中可以看到，童李君翻閱了大量的期刊報章，尤其是很多人疏忽的通俗文學的報刊，其工作量可想而知。辛勤的勞動當然就會帶來令人欣喜的成果，翻閱這部著作，將會發現很多新鮮的材料，這些來之不易的材料常給人眼前一亮。向前跨一步，是基礎學科研究是否有價值的重要標誌，也是研究者所追求的目標，童李君的這部《晚清民國彈詞述略》做到了。

受蘇、揚之風薰陶，童李君表象婉約纖弱，相處久了，就會發現她有很堅強的意志和美好的生活情懷。在學業上，認準了目標之後，就努力爭取，並堅韌不拔。在博士後期間，她是國家博士後基金獲取者，在規定時期內，超額完成了博士後出站的各種任務，按時出站。在生活上，她曠達而舒展。她駕照是 A2，可以開卡車；她愛旅遊就考個導遊證，曾經一個人扛著一把折疊椅上了擁擠的火車到了新疆。「看似她，柔弱禁風難；卻是的，堅強果毅女高挑」。

此為序。

2014 年 10 月於蘇州大學教工宿舍

目
次

第一章　晚清民國彈詞演出的轉變

　　作為曲藝的彈詞，在漫長的演變過程中廣為流傳，其中的蘇州彈詞在乾隆之後，逐漸佔了主流地位，蘇州也一度成為江南彈詞演出的中心。到了晚清，亂世中的江浙士紳、普通民眾紛紛進入上海避難，彈詞作為他們娛樂生活中的一部分，在上海也深受歡迎。此外，清末民初時期蘇州地區禁止彈詞女藝人在公開場合表演，所以她們只能轉入上海發展，並一度形成「書寓」女彈詞。這些都促成了晚清時期彈詞在上海的興盛。此後，隨著租界區的禮教禁制進一步鬆動，女性聽眾得以自由出入書場，到了民國時期彈詞女藝人甚至有了自己的行會組織，書場不再是男性藝人的天下。此外，隨著時代的變遷，各種新式演出場所的出現，特別是廣播書場的興盛以及商業元素的加入，所有這些都不免使聽眾的欣賞品味發生改變。彈詞藝人對新書目的需求以及彈詞演出出現的一些新的面貌就是在這些形勢下發展的必然結果。本章擬對這一過程作細緻的探討。

第一節　彈詞的主要特徵

一、彈詞的定義

　　彈詞分為彈詞演出與彈詞文本。彈詞演出屬於民間說唱曲藝，它〔註1〕脫化於一系列說唱藝術，到了明清時期已經非常流行，是當時重要的休閒娛樂活動之一。它通過彈詞藝人在鄉村陌頭、大街小巷，茶僚書館、私家廳堂中的演唱來滿足廣大百姓的娛樂和精神生活。彈詞演出非常簡單，一人或兩三人、演唱時以三弦、琵琶、月琴等絃索樂器伴奏，有講有唱。講詞為口語散

〔註1〕關於彈詞的起源眾說紛紜，現主要有「變文說」、「諸宮調說」、「陶真說」。

文，唱詞多爲七字句韻文，也有十字句，或加三言襯字。在發展過程中形成了蘇州彈詞、揚州弦詞、四明南詞、長沙彈詞、桂林彈詞、紹興平湖調等。它們曲調、唱腔各有特色，均用當地方言說唱。

彈詞文本是一種獨特的、糅合多種文體特點的文學樣式，它又可分爲書場彈詞文本和文人彈詞文本。所謂書場彈詞文本是與演出有關的，包括彈詞的演唱腳本、文人及書坊主改編演出本後刊刻的文本。而文人彈詞文本即文人包括大量的女性作家用彈詞的形式創作的，主要用於案頭閱讀而不適合演出的彈詞文本，如果要用於演出，則需要大範圍的改動。

關於書場彈詞文本與文人彈詞文本的區別，《滿江紅彈詞》的作者陸澹庵在《敬告閱者》中有清楚的論述：「正正式式的彈詞小說，說書先生拿了，反而不便彈唱。所以他們所收藏的腳本，都和市上通行的彈詞小說不同。……唱書先生的腳本，與書坊裏所印的彈詞小說，性質完全不同。書坊裏印行的彈詞小說，其中唱篇，不妨摛文藻詞，做得典雅一點。但是唱書先生的腳本，卻第一要通俗，唱出來教人家完全聽得懂，倘然做得太典雅了，唱的人和聽的人，大家都莫名其妙，書中的趣味，便要減去不少。」〔註2〕

書場彈詞文本以代言體爲主，而文人彈詞文本特別是女作家的彈詞文本則以敘事體爲主。〔註3〕當然情況也有交替，並非涇渭分明。如清初的書場彈詞《劉成美忠節全傳》就是敘事體彈詞，它由藝人以第三人稱講唱故事，以七言爲主，間或有十字句，且有少量「話說」等開頭的散文。某些彈詞文本究竟是屬於書場彈詞文本還是文人彈詞文本也很難作出確切的判斷，如清初敘事體彈詞《玉鴛鴦》，盛志梅在《清代彈詞研究》中將其定位爲民間唱本。而周良在《蘇州評彈舊聞鈔》、《彈詞經眼錄》中均將它作爲「擬彈詞」〔註4〕，

〔註2〕 綠芳紅莛樓主編輯，《滿江紅彈詞》，上海新聲社 1935 年版，1～2 頁。

〔註3〕 所謂代言體彈詞，即敘事者置身故事發展之外，讓故事中人自己敘述。在說唱形式上，敘事體彈詞只有唱、白，而代言體卻表、唱、白俱全。這樣就變敘事爲「演戲」，敘事變成了故事的話外音，大大減輕了第三人稱敘事所帶來的間接性和陌生感，使聽眾能夠更直接地接受故事。詳見盛志梅，《清代彈詞研究》，齊魯書社 2008 年版，51 頁。

〔註4〕 「擬彈詞」之稱，始見於周良，他在 1983 年由江蘇人民出版社出版的《蘇州評彈舊聞鈔》中解釋道：「魯迅先生稱文人仿作的話本小說爲擬話本。這裡就指文人仿作的彈詞本叫作擬彈詞。過去曾有人因仿作者以女性爲多，稱之爲女彈詞，但仿作者也有男的，還有人把女的演出彈詞的叫女彈詞，故不如稱爲擬彈詞好。」264 頁。

即文人創作的彈詞。此中區別，大概只有親身彈唱者才能體會。此外，文人創作的彈詞，還被稱爲「敘事詩」〔註5〕、「韻文體小說」〔註6〕，可見彈詞的文體定位〔註7〕，尚待進一步研究。

二、彈詞文本的多元特徵

　　彈詞文本往往兼有小說、詩詞、戲曲的特點。《何必西廂》一名《梅花夢》，作者不可考，現知最早刊本爲雍正十二年（1734）桐峰外史的重印本，作者在第一回中寫道：「這部書說是演義，又夾歌謠，說是傳奇，復多議論。無腔無板，分明是七字句的盲詞了。但自來盲詞從來沒見有像傳奇的開場煞尾，仿演義的說古談今。況且口氣或順或斷，回數或短或長，竟是封神傳上姜太公騎的一隻四不像……」〔註8〕桐峰外史寫的「凡例」中指出這部彈詞：「節奏天然，兼得唐詩、元曲三昧」，「間集諺語俚詞，亦似樂府歌謠」。〔註9〕

　　對彈詞的這種看法，一直延續著。清末民初的姚民哀爲李東野的《孤鴻影彈詞》作序時寫道：「吾聞之，詩衰而詞興，詞衰而曲興，曲衰而彈詞興，故欲成彈詞善本者，非盡羅詩詞曲三者之善不可。」〔註10〕這裡姚民哀認爲一部優秀的彈詞作品，必須結合詩詞曲的優點。這裡將「詩——詞——曲——彈詞」四者描述成一脈相承，從以上兩則序言中亦可看出彈詞形式的多樣性，綜合了多種文學體裁的特點。

〔註5〕傅璇琮、蔣寅主編，《中國古代文學通論·清代卷》，遼寧人民出版社2005年版，145頁。
〔註6〕傅璇琮、蔣寅主編，《中國古代文學通論·清代卷》，遼寧人民出版社2005年版，388頁。
〔註7〕許多學者都關注到了這一現象，如譚正璧在其《中國文學史大綱》（1919）、《中國文學進化史》（1929）中，將彈詞分爲可唱的和不可唱的兩種。張靜盧在其《中國小說史大綱》（1920）中，認爲彈詞是「似小說而又近傳奇的變態」。李家瑞在其《說彈詞》（1936）中，用「代言體」和「敘事體」來區分兩種不同的彈詞文本。趙景深在其《彈詞選》（1937）中，分彈詞爲「唱詞」和「文詞」兩種。鄭振鐸在其《中國俗文學史》（1938）中，分彈詞爲「土音彈詞」和「國音彈詞」。
〔註8〕（清）佚名著，秦萬年校點，《梅花夢》（一名《何必西廂》），黑龍江人民出版社1988年版，2頁。
〔註9〕（清）佚名著，秦萬年校點，《梅花夢》（一名《何必西廂》），黑龍江人民出版社1988年版，序6頁。
〔註10〕李東野，《孤鴻影》，中州古籍出版社1987年版，序1頁。

（一）彈詞的詩化特色

李家瑞在《說彈詞》中寫道：「彈詞的體裁，有敘事代言兩種，……先有敘事彈詞，然後漸漸的變出代言彈詞一種。」〔註11〕敘事體彈詞多為七言韻文（或襯字、減字，但仍合韻律），它們篇幅動輒幾十萬、幾百萬字，沒有或很少有散文。陳寅恪將它們稱為敘事詩。他在《論〈再生緣〉》中寫道：「《再生緣》之文，質言之，乃一敘事言情七言排律之長篇巨製也。……彈詞之文體即是七言排律，而間以三言之長篇巨製。故微之惜抱論少陵五言排律者，亦可以取之以論彈詞之文。……微之所謂『鋪陳終始，排比聲韻』，『屬對律切』實足當之無愧，而文詞累數十百萬言，則較『大或千言，次猶數百』者，更不可同年而語矣。世人往往震矜於天竺希臘及西洋史詩之名，而不知吾國亦有此體……如《再生緣》之文，則在吾國自是長篇七言排律之佳詩。在外國，亦與諸長篇史詩，至少同一文體。」〔註12〕將《再生緣》與荷馬史詩並論。

再看一些《再生緣》中描寫景物的韻文句子，如：「碧落高空徹底清，彩雲千片映光明。香風飄渺人心爽，桂影披離夜景新。五色明霞籠皓月，千條飄靄卷疏星。遠聞仙樂盈盈起，近看祥雲處處生。」〔註13〕「萬里彤雲一色漫，西風吹到透衣寒。梨花片片空中灑，柳絮紛紛嶺外旋。遠望蒼茫迷野徑，孤城寂寞鎖寒煙。糧田萬里登時滿，素景千般觸目前。」〔註14〕這些句子描景抒情、敘事狀物宛然律詩，而且讀起來琅琅上口，具有音樂美。此類筆墨在文中比比皆是，詩句通俗而優美，使這類文本雅俗兼備。

代言體彈詞的不少唱詞與彈詞開篇也狀物生動、抒情濃鬱，完全稱得上是詩的語言和意境。有的開篇直接將唐詩嵌入其中，如《秋思》：「銀燭秋光冷畫屏，碧天如水夜雲輕。雁聲遠過瀟湘去，十二樓中月自明。（佳人是）獨對寒窗思往事，但見淚痕濕衣襟。（曾記得）長亭相對情無限，今作寒燈燭夜人。（誰知你）一去嶺外音書絕，（可憐我）相思三更頻夢君。翹首望君煙水闊，只見浮雲終日行。（但不知）何日歡笑情如舊，重溫良人昨夜情。卷帷望

〔註11〕李家瑞，《說彈詞》，《歷史語言研究所集刊》第 6 冊，江蘇古籍出版社 1999 年版，104 頁。

〔註12〕陳寅恪，《論〈再生緣〉》，《寒柳堂集》，上海古籍出版社 1980 年版，62～64 頁。

〔註13〕（清）陳端生著，（清）梁德繩續補，杜志軍校注，《再生緣》，華夏出版社 2000 年版，9 頁。

〔註14〕（清）陳端生著，（清）梁德繩續補，杜志軍校注，《再生緣》，華夏出版社 2000 年版，100 頁。

月空長歎，長河漸落曉星沈，（可憐我）淚盡夢中夢不成。」〔註15〕便將杜牧的《秋夕》、溫庭筠的《瑤瑟怨》、李商隱的《嫦娥》等化用其中。由此可見彈詞的語言很注重對詩意的追求，雅俗共賞。

（二）彈詞對戲曲形式的借鑒

彈詞還有一種形式是代言體。關於代言體彈詞的產生，李家瑞在《說彈詞》中有這樣的解釋：「彈詞何以要從敘事變爲代言呢？因爲彈詞原是一種說唱評話，說唱的人，要摹擬書中人的口氣，形容他的神情，不知不覺就作書中人的舉動言談，驚歎應對，寫在書上，就成代言體的文字。我們但看代言體的彈詞，多半是業彈詞者的底本，而文人仿作的彈詞，則盡是敘事體，因爲文人的彈詞，不一定要上口說唱的。」〔註16〕

從現存彈詞文本可知，在乾隆年間已有不少代言體彈詞出現，它們除了唱詞像詩詞之外，形式更像戲曲：有生、旦、淨、末、丑等角色，人物上場時自報家門，基本都有〔引〕、〔白〕、〔唱〕三段。人物對白採用代言體，與戲曲表演相似，凡是主要人物如生、旦等，說白使用官話，以此來彰顯人物身份。那些貼、丑之類的角色所用說白則爲方言土語，玩噱頭博笑聲的插科打諢是他們追求的喜劇效果。此外，模仿戲曲的表演，彈詞說唱中還有了「起角色」，即在彈詞說唱中，藝人「按書中人物的年齡、身份、性格和外形，以第一人稱（即角色身份）來狀其聲音、表情和動作。傳統書目大抵吸收京、崑等戲曲程式表演腳色。」〔註17〕這使得彈詞中的人物更加生動，在某種程度上彌補了彈詞作爲一種說唱藝術在視覺方面的不足。

但彈詞與戲曲終究是不一樣的，沈滄洲說過「書與戲不同何也？蓋現身中之說法，戲所以宜觀也。說法中之現身，書所以宜聽也。」〔註18〕他將戲曲和彈詞的表演，區分爲「現身說法」和「說法現身」。由此可見彈詞中的「起腳色」是說唱的輔助，與戲曲表演需要化裝，運用各種道具，以歌舞演故事不同，彈詞主要運用手勢，面風等點到爲止的動作和神態來配合說唱，達到使人欲罷不能的效果。

〔註15〕洪欣，《彈詞開篇的文學性》，《評彈藝術》第 9 集，中國曲藝出版社 1988 年版，133 頁。

〔註16〕李家瑞，《說彈詞》，《歷史語言研究所集刊》第 6 冊，江蘇古籍出版社 1999 年版，104 頁。

〔註17〕吳宗錫主編，《評彈文化詞典》，漢語大詞典出版社 1996 年版，33 頁。

〔註18〕吳宗錫主編，《評彈文化詞典》，漢語大詞典出版社 1996 年版，400 頁。

毛菖佩的《鷓鴣天》中，也寫到了兩者的不同，「言宜清麗唱宜工，卻與梨園迥不同」，還有一句「登場面目依然我」，〔註 19〕指出演戲和彈詞的不同。

（三）彈詞的小說結構

彈詞是韻散結合的敘事文學，以《再生緣》爲例，它是典型的韻散結合的彈詞文本，我們將《再生緣》中的散文體：「話說大元世祖朝中，有一位少年豪傑複姓皇甫名敬，表字亭山。娶妻尹氏良貞。十五完姻，十六應試。中過武狀元，拜大將軍出征，三年血戰。後來太平無事，天子加封統轄十三省京營都督之職，方才迎接夫人入京同住。」〔註 20〕「卻說皇甫夫人身懷六甲，已過十二個月尚未生養。夫婦們又添了一番憂慮。其時卻值八月十五將近黃昏時候。在明間裏擺下一桌小宴，都督與夫人對飲玩月。」〔註 21〕與《三國演義》中的「話說天下大勢，分久必合，合久必分：周末七國分爭，併入於秦；及秦滅之後，楚、漢分爭，又併入於漢。漢朝自高祖斬白蛇而起義，一統天下，後來光武中興，傳至獻帝，遂分爲三國。推其致亂之由，殆始於桓、靈二帝。桓帝禁錮善類，崇信宦官。及桓帝崩，靈帝即位，大將軍竇武、太傅陳蕃，共相輔佐。時有宦官曹節等弄權，竇武、陳蕃謀誅之，機事不密，反爲所害，中涓自此愈橫。」〔註 22〕「且說張角一軍，前犯幽州界分。幽州太守劉焉，乃江夏竟陵人氏，漢魯恭王之後也」〔註 23〕等對照起來看，不難發現此類彈詞體深受「話本」、「章回小說」的影響。如果單將這類彈詞的散文體部分列出，人們不會懷疑它們是某部章回體白話小說中的一段。

事實上將彈詞稱爲小說古已有之，清代彈詞女作家就稱自己的作品爲「傳奇小說」、「七字小說」。由於晚清小說理論對小說的定義非常寬泛，所以彈詞在「舊小說」中也佔有一席之地。近現代不少學者也認爲，彈詞應歸入小說一類，如管達如和呂思勉都將彈詞歸爲韻文體小說，管達如認爲「彈詞體者，其初蓋亦用以資彈唱。及於今日，則亦不復用爲歌詞，而僅以之供閱覽矣。」

〔註 19〕吳宗錫主編，《評彈文化詞典》，漢語大詞典出版社 1996 年版，399 頁。

〔註 20〕（清）陳端生著，（清）梁德繩續補，杜志軍校注，《再生緣》，華夏出版社 2000 年版，7 頁。

〔註 21〕（清）陳端生著，（清）梁德繩續補，杜志軍校注，《再生緣》，華夏出版社 2000 年版，8 頁。

〔註 22〕（明）羅貫中，《三國演義》，人民文學出版社 1979 年版，1 頁。

〔註 23〕（明）羅貫中，《三國演義》，人民文學出版社 1979 年版，2 頁。

〔註24〕呂思勉則將文學分爲三類即「目治者」、「耳治者」、「界乎二者之間者」。其中耳目兼治者，「則爲有韻之文，如詩歌，如詞曲，如小說中之彈詞，皆是也。此等文字之美，兼在其意義及聲音。故必目觀之，心識之，以知其意義之美；亦必口誦之，耳聽之，而後能知文字相次之間，有音調協和之義存焉。」〔註25〕張振鏞的《中國文學史分論》（1934）也說「彈詞爲小說之一體。」〔註26〕阿英寫有《彈詞小說評考》（1937），也將彈詞稱爲小說。章培恒、駱玉明在 1996 年編的《中國文學史》中也說「在某種意義上，彈詞可以說是一種韻文體的長篇小說」。〔註27〕胡曉眞、鮑震培、盛志梅等也將彈詞稱爲小說。與胡曉眞、鮑震培等主要將用於案頭閱讀的敘事體彈詞稱爲小說不同，盛志梅在其《清代彈詞研究》中稱：「我想，彈詞的文體還是以『韻文體小說』的提法比較合適，雖然是用敘事詩的形式來講故事，但本質是小說，就好比借了一件詩歌的外套披在身上一樣——這主要是對敘事體彈詞來說。對於後來出現的代言體彈詞，道理也是一樣的。不能因爲借用了代言體的形式，就成爲戲劇家族的一員了，它的本質依然是敘事的，形式也主要是韻文體的，因此，也還是韻文體小說。」〔註28〕在這裡，盛志梅將敘事體和代言體的彈詞均稱爲「韻文體小說」。

隨著彈詞研究的不斷深入，彈詞的面貌在我們面前逐漸清晰：彈詞可以分爲彈詞演出和彈詞文本。而彈詞的文體定位，尚待我們進一步研究。作爲一種獨特的、糅合多種文體特點的寫作方式，可以說彈詞文本是中國古代多種優秀文體的集大成者。隨著彈詞的不斷發展，在彈詞女作家之外，爲數不少的男性文人也對彈詞的創作投入了相當的心血，一改傳統文人那種「村姑野嫗惑於盲子彈詞」〔註29〕的不屑態度。彈詞文本在他們的努力下更趨雅化、精緻。我們有理由相信，若非時代變遷，近代以來文言寫作遭受沒落，彈詞也會像詩、詞、戲曲、小說一樣輝煌。

〔註24〕王運熙主編，鄔國平，黃霖編著，《中國文論選・近代卷》下，江蘇文藝出版社 1996 年版，786 頁。
〔註25〕王運熙主編，鄔國平，黃霖編著，《中國文論選・近代卷》下，江蘇文藝出版社 1996 年版，808～809 頁。
〔註26〕張振鏞，《中國文學史分論》，見周良，《蘇州評彈舊聞鈔（增補本）》，古吳軒出版社 2006 年版，134 頁。
〔註27〕章培恒、駱玉明主編，《中國文學史》，復旦大學出版社 1996 年版，567 頁。
〔註28〕盛志梅，《清代彈詞研究》，齊魯書社 2008 年版，9 頁。
〔註29〕（清）陳句山，《紫竹山房文集》卷七，《四庫未收書輯刊》9 輯 25 冊，北京出版社 2000 年版，302 頁。

三、書場彈詞文本的特徵

本來意義上的書場彈詞文本是指對書場彈詞的記錄本，而實際上書場彈詞文本遠非書場彈詞的原貌。因此，此處的書場彈詞文本只能是指與書場演出有關的文本。因為彈詞師徒相授，口耳相傳，書場彈詞的腳本只是一個故事提綱，而且往往只有唱詞，對白總是在不停地變化，鮮活豐富的說表要靠藝人在書壇上創造。書場彈詞文本，雖然在一定程度上還保留著書場彈詞的原貌，但在刊刻過程中，往往受到書坊主和文人的改編，在某種程度上與書場彈詞已經大不一樣。書場彈詞文本與書場彈詞的不同，至少體現在以下幾個方面：

首先、現場和記錄的必然不同。記錄下來的書場彈詞文本和現實中的彈詞說唱很不一樣。書場彈詞文本記錄人物的動作、神情無法與藝人表演的豐富性相比。此外，由於聽眾與讀者的欣賞角度不同，彈詞的記錄本力求刪繁就簡，不可能記錄藝人在場上的每一句話。其次、文人、書商的改編。大多數書商出於贏利目的，會將從彈詞藝人手中購得的說唱底本進行改動，在保留書場彈詞的基本特點，如開篇、結語的情況下「另換關節，修飾萊詞。」〔註30〕由於許多書坊主本身就是文人，底本在經過他們修改之後，市井粗鄙之氣漸淡，隱約可見文人清麗雅致的風格。再次、綱常教化內容的加入。清代文禁嚴厲，禁燬聖諭不斷，在這種出版氛圍之下，書坊主們為了使刊本順利流通，不得不順應統治者的喜好，在書中加入一些有關綱常教化的情節或言論。儘管如此，書場彈詞文本依然保留著大量書場彈詞的痕跡，我們可以從中一窺書場彈詞的面貌。

（一）書場彈詞文本的形式及敘事特點

1. 書場彈詞文本的形式

彈詞有敘事、代言兩種形式。「最初的彈詞都是敘事體，完全用第三人稱作客觀的敘述，毫無代書中人說話的地方。《二十一史彈詞》是敘事體，清初《長生殿》裡的彈詞，也還是記敘體的。到雍正、乾隆時，《梅花夢》和《陶朱富》等彈詞，仍是用作書人的口氣，講述故事，所以當時人說彈詞的體裁是『以記敘行文，用聲詩作曲』（《梅花夢》第一回）。但同時的《珍珠塔》彈

〔註30〕（清）吹竽先生，《繡像落金扇全傳·序》，見譚正璧，《評彈通考》，中國曲藝出版社 1985 年版，307 頁。

詞和稍後的《十玉人傳》，已逐漸進展到敘事代言雜用了。到嘉慶時代，《雲琴閣》、《文明秋風》等出，始有純粹代言體的彈詞。」〔註31〕自咸豐年間至清末，彈詞演唱更加戲曲化，書場彈詞的代言體特徵日漸明顯，並成爲主流。在清末，人們對彈詞說唱的敘事體已經非常陌生，反而「以角色登場者爲正格」。〔註32〕因此，現存大量的書場彈詞文本大多是代言體的，它們主要有以下形式特點：

（1）開篇。它是彈詞藝人在正書前所彈唱的篇子，一般篇幅不長，大概有三、四十句，能起到定場、試嗓的作用，並將聽眾引向正書。彈詞開篇的形式和內容豐富多樣，有白話開篇、什錦開篇、套頭開篇、連句開篇、滑稽開篇、嵌詞開篇等等。開篇的文辭優美，並注重意境的營造，正如晚清徐珂在《清稗類鈔》三十七卷所說：「彈詞爲盲詞之別支，其聲調惟起落處轉折略多，餘則平波往復，至易領會，故婦孺咸樂聽之。開場道白後，例唱開篇一折，其手筆多出文人，有清詞麗句，可作律詩讀者。至科白中之唱篇，半由彈詞家自行編造，品斯下矣。」〔註33〕然而，雖然大多數的開篇出自文人之手，可以與律詩媲美，但從現存書場彈詞文本的開篇來看，也有不少爲迎合市井觀眾的喜好而出現的內容低俗之作，這種情況在傳統書目中尤爲明顯。

（2）人物自報家門，內容分角色演繹。書中人物上場，會用〔引〕、〔白〕、〔唱〕三段進行自我介紹，與雜劇、傳奇的開場套路相似。代言體彈詞中「自報家門」式的人物出場，以及內容分生、旦、淨、外等角色來演繹，是它不同於敘事體彈詞的顯著特徵。

2. 書場彈詞文本的敘事特點

（1）敘事重複。彈詞的敘事細膩、繁複，而且同一情節往往會重複出現。如《珍珠塔》中，方卿被嫌貧愛富的姑母氣走，表姐私自贈塔，姑夫於九松亭允婚，以及他在雪地遇盜，逢救登舟等一系列情節，總是在故事的敘述中一再出現。同一情節，往往先通過主人公說一遍，中間又通過對話、唱詞、攢十字的方法再說一遍。即說書人重複，書中不同的角色對同一情節重複。這是因爲彈詞是長篇，每天分回演唱，書場除了固定的老聽眾外，還有流動的新聽眾，爲了幫助他們瞭解書情，「重複」便起了很大的作用。而老聽眾雖

〔註31〕胡士瑩，《宛春雜著》，浙江文藝出版社1984年版，249頁。
〔註32〕程瞻盧，《同心梔彈詞》，商務印書館1928年版，序1頁。
〔註33〕（清）徐珂，《清稗類鈔》第10冊，中華書局1986年版，4943頁。

然熟悉書情，但彈詞演唱主要是訴諸聽覺的，聽眾需要通過說書人的「重複」來確立比較鮮明、深刻的藝術印象，因此說書藝人通過不同的表現手法，如時而引、時而母子對唱、時而說書人用攢十字唱等進行「重複」，並不令人生厭，反而能引起聽眾的興趣。

（２）描寫細膩。許多長篇彈詞其實並非以曲折離奇的情節取勝，它們擅長刻畫人物的心理，並通過一系列細節描寫來推動情節的發展。體現彈詞的細膩，最著名的例子便是《珍珠塔》中陳小姐下樓那一段，正如葉聖陶的《說書》云：「《珍珠塔》裏的陳翠娥私自把珍珠塔贈給方卿，不便明言，只說是乾點心。她從閨房裏取了珍珠塔走到樓梯邊，心思不定，下了幾級又回上去，上去了又跨下來，這樣上下有好多回；後來把珍珠塔交到方卿手裏了，再三叮囑，叫他在路中要當心這乾點心；這些情節在名手都有好幾天可以說。於是聽眾異常興奮，互相提示說：『看今天陳小姐下不下樓梯，』或者說：『看今天叮囑完了沒有。』」〔註34〕

（３）語言諧趣。作為大眾表演的彈詞唱句，首先要通俗。這與聽眾對象大多為市井小民息息相關。為了迎合聽眾的審美趣味，書場彈詞往往運用大量活潑、詼諧甚至粗鄙的語言。各地方言、歇後語、俏皮語等均用來渲染環境氛圍，描摹當時社會的眾生相，極富生活色彩。在彈詞演唱的過程中，說書人往往按情境的需要巧妙的穿插各種噱頭，製造的各種笑料往往能拉近與聽眾的距離，形成書場彈詞特有的講唱氛圍。這些內容記錄成文，則形成了書場彈詞文本的獨有特點，使讀者猶如親臨書場一般。

（二）書場彈詞文本的內容

無論是說書人講唱彈詞，還是書商請人將唱本整理成冊出版，兩者的終極目的都是為了營利。因而此類彈詞必然極力迎合聽眾和讀者的口味，內容異常豐富。如《珍珠塔》講述方卿在先貧後富的過程中歷經世態炎涼的故事；《白蛇傳》講述修煉成精的白蛇與藥店夥計的愛情故事；《玉蜻蜓》講述尼姑和富家少爺戀愛，在庵堂生下遺腹子，並狀元及第的故事；《三笑》講述蘇州才子唐伯虎追求華府侍女秋香的故事；《描金鳳》講述小市民錢篤笤發跡變泰的故事等等。這些篇目，情節曲折誘人，頗有淫亂之事，正如阿英描述《古本劉成美忠節全傳》那樣：「這無疑的是一種典型的封建小市民文藝，鎔合了

〔註34〕葉聖陶，《未厭居習作》，開明出版社1992年版，23頁。

英雄美人仙家俠客於一爐，加上許多悲歡離合的情節，驚險奇巧偶然的場面，人物又極端的富於浪漫性，就是帝王，也都到了『不愛江山愛美人』的程度。像這樣的彈詞，對於受了生活苦累的市民，由於他們的空想性，因果觀，向上的夢，以及其他許多條件，是最能投合他們，抓住他們的。」〔註35〕

　　這與文人彈詞文本的內容有很大的不同。清代文人創作彈詞絕少以出版營利爲目的。從現有作品可知，他們創作的彈詞大體可以分爲「遣懷娛樂」與「教化啓蒙」兩大類。在「遣懷娛樂」類作品中他們往往通過創作彈詞來抒發自己的情懷，如女作家們熱衷於書寫主人公女扮男裝，在男性世界成就一番大事業的故事，以此來施展自己的才華，關注女性的婚姻、家庭，表達她們對歷史、政治獨特的感悟。她們行文雅致，預設的讀者則是親友、知己。正如程蕙英在《自題〈鳳雙飛〉後寄楊香畹》中所說：「開卷但供知己玩，任教俗輩耳無聞。」〔註36〕她們的作品往往動輒幾百萬字，是她們花費數十年甚至一生的光陰，精心構造而成的。

　　清代文禁嚴厲，統治者「猶恐小說淫詞，煽惑愚民，蠱誘士子」，〔註37〕對通俗讀物的打擊不遺餘力，其中亦多涉及彈詞。他們往往以內容淫穢爲由，對這類作品進行禁刊、禁租、禁藏。如道光二十四年（1844）浙江杭州知府在告示中云「更有一種稅書鋪戶，專備稗官野史，及一切無稽唱本，招人貰看，名目不一，大半淫穢異常，爲害尤巨。」〔註38〕因此，書商爲了使這些刊本順利出版流通，往往將它們改頭換面，加入一些道德說教，粉飾成「忠孝節義」俱全的作品，而內裏依舊香豔如故。

　　事實上，清代文人早已發現彈詞「雅俗共賞、高下咸宜」，「俾婦人豎子，有所聞見，易於通曉」〔註39〕的特點，他們希望能夠通過彈詞移風易俗，勸導人心。如邱心如的表侄陳同勳在爲《筆生花》所題的序中就說：「稗官野史、雜劇、院本未必人人博覽而群觀也，不若彈詞雅俗共賞，高下咸宜。流傳閨

〔註35〕阿英，《彈詞小說評考》，中華書局1937年版，109～110頁。

〔註36〕鄧之誠，《骨董瑣記》卷五，中國書店1991年版，153頁。

〔註37〕《康熙五十三年四月禁小說淫詞》，見王利器輯錄，《元明清三代禁燬小說戲曲史料》，上海古籍出版社1981年版，28頁。

〔註38〕《浙江杭州知府禁淫詞小說》，見王利器輯錄，《元明清三代禁燬小說戲曲史料》，上海古籍出版社1981年版，120頁。

〔註39〕（清）蕭佐清，《繡像六美圖中外緣全傳·序》，見譚正璧，《評彈通考》，中國曲藝出版社1985年版，162頁。

閣，可以教導人家兒女，意甚盛也。」〔註40〕因此，與書場彈詞文本中起粉飾作用的道德說教不同，他們確確實實創作了不少有關「教化啓蒙」的彈詞作品，以期能夠警醒愚頑、感動人心。駱慶生的《珠玉圓》就是一篇以宣揚「移風易俗」爲目的的文人作品，他有感於現實生活中「重生男之誓，遂多溺女之風」而作，目的是爲了拯救女嬰。到了晚清，受梁啓超等人「小說界革命」的影響，當時的愛國志士普遍認爲小說是喚醒民眾的最佳工具，因此與婦女關係密切，並被視爲小說之一體的彈詞成爲他們宣傳新思想、試圖喚醒女界，承載挽救時局希望的文學樣式。受此影響，晚清出現了一大批與此相關的作品。如挽瀾詞人的《法國女英雄彈詞》，秋瑾的《精衛石》等。

（三）書場彈詞文本的世代累積型特點

從現存作品來看，文人彈詞除了獨立創作之外，也有一部份是根據流行已久的小說、戲曲改編而成的。如澹園氏的《燕子箋彈詞》改編自阮大鋮的同名戲曲；徐品南的《錦香亭》改編自清人石琰所作的同名傳奇；雲坡居士的《蘊香丸》則改編自明代史槃所作的傳奇《吐絨記》以及清代王翊的改寫本傳奇《紅情言》。在改編過程中，他們往往進行再創作，借他人故事來抒發自己的情感。

此外一些女作家創作彈詞往往是爲了回應其他彈詞作品。如現知最早的女作家彈詞《玉釧緣》，就是繼承前人的創作。譚正璧在《彈詞敍錄》中說過，與大金錢和小金錢有關。〔註41〕而陳端生創作《再生緣》的原因之一就是受到《玉釧緣》的感染，她在第一回中提到：「知音未盡觀書興，再續前文共玩之。」〔註42〕《玉釧緣》中的謝玉輝與鄭如昭輪迴成《再生緣》中的皇甫少華與孟麗君。而後《再生緣》所表現出的對傳統女德大膽超越的思想，喚起了後世讀者的閱讀反應。〔註43〕如梁德繩續寫《再生緣》，侯芝創作《再造天》，

〔註40〕（清）邱心如著，江巨榮校點，《筆生花》，中州古籍出版社1984年版，序1頁。

〔註41〕譚正璧在《彈詞敍錄》中稱：「書中時代背景，與《大金錢》、《小金錢》二書同時。《小金錢》中之柳卿雲與其丈夫王景星之婚姻故事，彼此互見。謝玉輝所娶王淑仙，與柳卿雲乃嫡堂姑嫂。」《彈詞敍錄》，上海古籍出版社1981年版，134頁。

〔註42〕（清）陳端生著，梁德繩續補，杜志軍校注，《再生緣》，華夏出版社2000年版，4頁。

〔註43〕胡曉真稱「雖然文學創作的動機錯綜萬端，女性創作彈詞小說最直接的動機則常常正是有感於某部前人作品而來。這種情形其實與十七世紀以來的續書

邱心如創作《筆生花》等，都是對《再生緣》或激烈或溫和的閱讀反應。

這些文人作品或獨立創作或改編或續寫，一旦寫成便已定型，而書場彈詞文本與文人作品不同，它們是不同的藝人在繼承、演出、傳播的同時修改、加工、再創造的結果，是集體智慧的結晶。彈詞中的傳統書目，如《白蛇傳》、《玉蜻蜓》、《描金鳳》、《雙金錠》等大多都流傳了數百年，人們對彈詞的內容非常熟悉。在這裡，聽眾不再癡迷於故事的內容，他們更注重的是藝人如何講故事，聽眾遇到精彩的「關子書」往往不嫌其長，都興致勃勃地惦記著書情將如何發展，因為不同的藝人處理的方法不同，會給人帶來不同的愉悅感受。如《珍珠塔》第三回「俠女送才郎暗藏奇寶」中說道：「列位吓，小姐此時為甚殷勤多厚贈，並非為苟且有私情，一來是報答當年賢舅母，二來是要保全寒士轉門庭，三來是堂上將他來輕慢，必得周全心始寧。要曉得小姐為人惟重義，豈可當他表記稱。列位吓，不知那個平空來嚼舌，說是花園自許親，後來自縊般般醜，幾乎屈殺女千金。虧我到過襄陽陳府上，曾將此事細查清，所以書中前後通身改，事蹟搜求的的真。列位多是高見的，切莫信從前刻本荒唐話，其中經緯實分明。」〔註44〕從中可以看到，不同的人對《珍珠塔》有不同的藝術處理，不同的唱法，即「各家各說」。

根據目前掌握的材料，蘇州彈詞《珍珠塔》似應起於馬如飛的父親馬春帆。馬春帆是嘉慶、道光年間的彈詞藝人，從馬春帆算起，《珍珠塔》已經有了近二百年的歷史。經過馬如飛的精心加工，《珍珠塔》的腳本質量達到了一個相當的高度，有「唱不坍的《珍珠塔》」之稱，此外彈詞界還有「學會珍珠塔，肚皮餓勿煞」的說法，學說《珍珠塔》的藝人，最多時有近一百檔，因此，《珍珠塔》也留下了多種不同的文本。《珍珠塔》在魏鈺卿和他的傳人鍾笑儂、沈儉安、薛筱卿、魏含英這一代是全盛時期。〔註45〕

彈詞藝人也往往一生只以一部長篇作為自己的主要書目，其中原因，首先是新創一部長篇書目，並能熟練講唱，讓大眾喜愛接受是一件非常困難的事，

現象也不無關聯——所有的文學形式到了十七世紀以後，高度發展的結果，使得任何作品都不免要模仿或映照其他的作品，所以才有續書現象的出現，而彈詞小說的傳統裡也發生與此平行的現象。」胡曉真，《才女徹夜未眠——近代中國女性敘事文學的興起》，北京大學出版社 2008 年版，12 頁。

〔註44〕（清）佚名著，黃強校點，《珍珠塔》，中州古籍出版社 1987 年版，26 頁。

〔註45〕參見傅菊蓉，《珍珠塔藝術談》，《評彈藝術》第 26 集，蘇州大學印刷廠 2000 年版，35 頁。

這需要很好的創作及表演才能；再次，是師承的關係，藝人拜師學藝形成一定的派別，行會組織規定，藝人出道後，就以所學書目謀生，「凡同業各系宗支，勿得越做他書。」〔註46〕因此彈詞藝人往往將所學書目不斷發展改進，精心打磨說唱技藝，形成自己的風格。以《白蛇傳》爲例，在經過了三四代藝人的精心修改之後，白蛇已由貪色、好財，動輒就要以吃人來威脅丈夫的蛇妖變成了我們現在看到的勤儉持家，溫柔淑德的賢妻良母，越來越有人情味。

傳統書目大體都有這樣的發展過程，書場彈詞文本總是自覺或不自覺的不斷發展變化著。從《白蛇傳》、《珍珠塔》等的演變過程可知，這些來自書場的彈詞與《天雨花》、《筆生花》等出自文人包括才女個人之手的彈詞作品不同，它們的原始作者往往無從考證，在數百年的流傳過程中經過一代又一代文人和藝人的加工打磨，在此過程中廣大聽眾也起到了不小的作用，彈詞藝人總是徵求他們的意見，從而更好的適應聽眾的藝術趣味，讓作品更受歡迎。在這些人的精心琢磨下，彈詞內容逐步發展，形成不同的書場彈詞文本，因此可以說這類彈詞是集體創作的產物，具有世代累積型的特點。

而當時間來到晚清民國，彈詞藝人對新書目的需求以及彈詞演出出現的一些新的面貌則是在新形勢下彈詞發展的必然結果。

第二節　彈詞演出中心的轉移

作爲曲藝的彈詞，一開始流傳的地區非常廣泛，南方北方都有彈詞演出的相關文獻記載，而且演出形式也並不統一。臧懋循在《負苞堂集》卷三《彈詞小序》這一節中說：「若有彈詞，多瞽者以小鼓拍板說唱於九衢三市，亦有婦女以被絃索，蓋變之最下者也。」〔註47〕此處的彈詞有以小鼓、拍板擊節說唱的，也有配以絃索說唱的。到了清代，彈詞雖在北方偶有出現，但地域分佈上主要以江浙一帶爲主，彈詞在發展過程中吸收了南方地區的流行曲調，形成不同的唱腔，並且在流傳過程中漸漸用當地方言說唱，形成了各自鮮明而獨特的地方特色，按照各地稱呼的不同，有杭州南詞、四明南詞、紹興平湖調、蘇州彈詞、揚州弦詞、啓海彈詞等。

乾隆之後，蘇州彈詞逐漸佔了主流地位，成爲彈詞的正宗。蘇州彈詞的

〔註46〕吳宗錫主編，《評彈文化詞典》，漢語大詞典出版社1996年版，396頁。

〔註47〕（明）臧懋循，《負苞堂集》，古典文學出版社1958年版，57頁。

書目繁榮、名家眾多，數百年演變脈絡和傳承輩分清晰可查，這是非常少見的文藝現象，在各地彈詞中更是絕無僅有。此後，它便在蘇州周邊地區傳播開來，「然所到之處，不過浙西之嘉、湖，江蘇之蘇、松、常、太等」，〔註48〕因為受到說唱語言的限制，蘇州彈詞的流傳範圍具有典型的江南地域特徵。

蘇州彈詞興盛的另一個表現是，它還有自己的行會組織——光裕公所。〔註49〕這個組織有詳細的章程，在規範藝人演出、傳承等行為的同時，也為提高他們的社會地位，維護其相關權益，保障他們及其家人的生活等方面做了大量有益的工作，對蘇州彈詞的流傳與發展，起到了非常積極的作用。蘇州在晚清之前一直作為江南彈詞的中心，向其他地區發散傳播。

但從 1842 年英軍攻入上海之後，美麗富庶、文化昌盛的蘇浙一帶，便漸漸失去了往日的繁華，作為蘇州外港的上海，卻在多事之秋中迎來了別樣的發展契機。在「開埠之前，上海是長江三角洲城鎮群體的組成部分，是蘇州的外港，其經濟很大程度上從屬於蘇錫常地區。開埠之後，上海成了國際通商口岸，……由過去的從屬地位轉而成為主導地位，成為長江三角洲經濟區的中心城市。」〔註50〕

此後，太平天國戰亂更是對這一地區造成了巨大衝擊，人口銳減，舉目荒涼。大批江浙〔註51〕地區的士紳攜家眷、資產進入上海租界地區躲避戰亂，

〔註48〕鄉下人，《說書閒評》，見周良，《蘇州評彈舊聞鈔（增補本）》，古吳軒出版社2006 年版，187 頁。

〔註49〕光裕公所有無前身，不可考，成立於何時，現有許多種說法。據文字記載和口碑傳聞，可以肯定，在太平軍進入蘇州（清咸豐三十年，1860）前，已經有了光裕公所的所址。傳說清嘉慶、道光年間的陳遇乾曾經擔任過光裕公所的司年，並購置義冢。因此，說光裕公所成立於清咸豐之前，嘉、道年間是比較可信的。光裕公所建立的時間，有多種說法：（1）康熙之前。（2）康熙年間。（3）乾隆年間。（4）乾隆、嘉慶年間。（5）嘉慶年間。（6）嘉慶、道光年間。（7）成立於馬如飛活動時期，馬為第一位司年。根據周良先生的考證，出現在嘉、道年間比較可信。詳見周良，《蘇州評彈史稿》，古吳軒出版社 2002 年版，25～29 頁。

〔註50〕程潞，《上海經濟地理》，新華出版社 1988 年版，311 頁。

〔註51〕據《1910 年公共租界工部局年度報告》顯示，蘇、浙、粵三省移民在居民總數中占絕對優勢，其中江蘇人增長最快，在 1885 至 1910 年的 25 年時間裏，增長了 4.5 倍，浙江人增長 3 倍。1985 年公共租界的中國居民總人口為 10.9306萬人，其中江蘇人 3.9604 萬，浙江人 4.1304 萬。到 1910 年，中國居民總人口為 41.3313 萬，其中江蘇人 18.0331 萬，浙江人 16.8761 萬。詳可參見樂正，《近代上海人社會心態》，上海人民出版社 1991 年版，171 頁。

一開始「中國人准居租界者甚鮮，迨後爲經商而來者日眾，更値洪、楊之亂，避難入租界者更眾。」〔註 52〕繁榮安樂的上海對照著殘破的江南，使大量移居上海的江浙人士，在無可奈何中沉溺於他們家鄉的典型娛樂活動——彈詞演出，以解亂世之憂和鄉愁。

於是，在大批資本及人口湧入上海，藝人紛紛進入上海避難、獻藝的背景下，彈詞在上海迅速得到發展。此外，清末民初時期蘇州地區禁止彈詞女藝人在公開場合表演，所以她們只能轉入上海發展，並一度形成「書寓」女彈詞。開埠後的上海經濟發展迅速，而且華洋雜處，不斷受西方思想的衝擊，導致禮教禁制越來越鬆弛，女性得以自由出入書場聽書。在此背景之下，新式書場不斷湧現，彈詞演出日益興盛，上海也成爲彈詞藝人爭相湧入謀生，並能證明自己書藝的「大碼頭」。隨著 1922 年上海創設無線電公司，開始電台播音之後，彈詞也與這一新的傳播媒體相結合迎來了又一次大發展。

彈詞在上海的興盛與民國的時局變化也有關聯，阿英對此已有論述：「由於一般民眾對時局的悲觀失望，無可發泄，藉此聊爲消遣。所以，在瀋陽、淞滬兩戰役後，女彈詞馬上就有了一個繁榮的時期。往後勢漸弱，又遇到這一回上海淪陷，於是再趨繁榮。」〔註53〕彈詞女藝人也有這樣的描述：「去年八一三戰事發生，京滬沿路各鎮，先後淪陷，我和敝業師及師姐等，只得離開蘇州，避居蘇鄉光福鎮，不幸又遇盜劫，直至今年國曆四月間來滬，就在南京書場開書，並在大亞，利利等電台播音，最近又在新世界、南方書場說唱。」〔註54〕

在這些背景之下，上海轉眼間便成爲全國又一個商業、文化中心，彈詞界各路藝人名家雲集，上海不但爲藝人提供了謀生的環境，也促使彈詞本身產生了多方面的改變，原本以蘇州爲中心的彈詞在上海得到了新的發展。彈詞演出中心的轉變，折射出時代的變換。周良認爲：「在上世紀的三十年代到五十年代，評彈藝術達到了一個新的高峰。這時，上海成了評彈藝術的輻射中心。」〔註55〕

〔註52〕胡祥翰編，《上海小志》卷一《上海開港事略》，見戴鞍鋼、黃葦主編，《中國地方志經濟資料彙編》，漢語大詞典出版社 1999 年版，844 頁。

〔註53〕阿英，《女彈詞小史》，柯靈主編，《阿英全集》第 7 卷，安徽教育出版社 2003 年版，424 頁。

〔註54〕錢琴仙，《我怎樣登臺？》，《力報》1938 年 9 月 17 日。

〔註55〕周良，《蘇州評彈史稿》，古吳軒出版社 2002 年版，32 頁。

第三節　彈詞女藝人的發展流變

　　女子從事彈詞說唱，古已有之。明田汝成記「杭州男女瞽者，多學琵琶，唱古今小說、平話，以覓衣食」。〔註56〕明郎瑛載「陌頭盲女無愁恨，能撥琵琶說趙家」。〔註57〕盲女彈詞一度成為「女彈詞」的主體。她們經常出入私家彈唱。清初浙派大詩人厲鶚在《悼亡姬》詩裏寫的「悶憑盲女彈詞話」〔註58〕之句，指的就是他的姬人朱月上喜歡在家中聽盲女彈詞的事情。

　　到了清中葉袁枚在《隨園詩話》卷五還說「杭州宴會，俗尚盲女彈詞」，〔註59〕在清顧祿的筆下，蘇州地區宴會時也：「或招盲女、瞽男彈唱新聲綺調，明目男子演說古今小說，謂之『說書』。置酒屬客，遞為消暑之宴。」〔註60〕解弢在其《小說話》中也有關於清末盲人獻藝景象的記載：

> 　　幼年每當先祖母壽辰，輒見六七老瞽人，彈詞祝嘏，所歌諸曲，典雅錦麗，心甚好之。及長搜求刻本，終不能得。久之詢知其故。蓋勝國中葉，家給人足，巨室消閒，豢瞽教歌，自撰曲本，不求傳世，猶之故明貴閥之崑班也。因之瞽者轉相授受，口教耳讀，其重師法，有過漢儒。吾家數瞽，猶是盛世之流俗遺風，故所歌書坊無傳焉。〔註61〕

　　不難看出，有相當一部分從事彈詞說唱的女子是盲女，她們演唱於鄉村陌頭，或進入宴會廳堂，閨閣之中。隨著彈詞的發展，女藝人不僅進入私家彈唱，文獻中也出現了她們進入茶館等公共場所高座彈唱的記載：「然而是書也，一人高座於上，環而聽者數百人，上自衿紳，下及僕隸，莫不熙熙攘攘，累月經旬，寢食俱忘，不厭不倦，惟是書之是聽。則是書也，其必有深中於人必而不可解者。其謂之場也固宜然。問其地則茶場也。問其人則先生也。先生者誰？或生而盲也，或釱而艾也，或窮而佞且諂者也。」〔註62〕馬如飛

〔註56〕（明）田汝成，《西湖遊覽志餘》，浙江人民出版社1980年版，326頁。
〔註57〕（明）郎瑛，《七修類稿》卷二十二，《續修四庫全書》第1123冊，上海古籍出版社1995年版，155頁。
〔註58〕（清）厲鶚，《樊榭山房集》，上海古籍出版社1992年版，1041頁。
〔註59〕（清）袁枚，《隨園詩話》，人民文學出版社1982年版，139頁。
〔註60〕（清）顧祿撰、來新夏點校，《清嘉錄》，上海古籍出版社1986年版，106頁。
〔註61〕解弢，《小說話》，中華書局1924年版，41頁。
〔註62〕僻耽山人，《韻鶴軒雜著》（1821），見周良，《蘇州評彈舊聞鈔（增補本）》，古吳軒出版社2006年版，87頁。

在開篇《陰盛陽衰》中也有：「陰盛陽衰自古云，衙門坍塌廟廊新。蘇州花樣年年換，書場都用女先生」〔註63〕的描述。

　　然而，彈詞女藝人在書場的發展並不順利，她們一直受到男性藝人及官府的打壓，顧震濤在《吳門表隱》中這樣記載：「道光十九年十一月三十日，署撫部院裕謙出示嚴禁九條，足正人心，以厚風俗……一不准開設女茶館。一男茶館不准有婦女雜坐。一男茶館有彈唱詞曲者，不論有目無目，止准男人，不准婦女。止准唱忠臣孝子、義夫節婦、勸人為善之曲，不准唱才子佳人、私奔苟合、以及豪強鬥爭、誘人為惡之曲。」〔註64〕馬如飛在咸豐三年（1853）的《道訓》中對與女子拼檔的男性藝人也出言譏諷：「所可恥者，夫婦無五倫之義，雌雄有雙檔之稱。同一謀生，何必命妻女出乖露醜？同一糊口，何必累兒孫蒙恥含羞。」〔註65〕他還在《一張告示》開篇中唱到：「一張告示貼姑蘇，女檔的書場頃刻無。」〔註66〕官府直接出面禁止女藝人在書場演出。

　　這種情況在上海開埠之後得到改變，彈詞女藝人在上海迎來了女性說唱彈詞的一個繁榮期，並漸漸形成「書寓」式女彈詞。王韜在《淞濱瑣話》中記載：

　　　　滬上書寓之開，創自朱素蘭，久之而此風乃大著。同治初年，
　　最為盛行。素蘭年五十許，易姓沈，猶時作筵間承應。繼素蘭而起
　　者為周瑞仙、嚴麗貞。瑞仙以說《三笑姻緣》得名，然僅能說半部，
　　麗貞則能全演。惜蘭摧玉折，遽赴夜臺。瑞仙年逾大衍，猶養雛姬
　　博買笑貲。〔註67〕

　　這類女彈詞一開始以技藝謀生，但後來也有人淪為妓女。《淞濱瑣話》中說：「前時書寓，身價自高出長三上，長三諸妓，則曰校書，此則稱之為詞史，通呼曰先生，凡酒座有校書，則先生離席遠坐，所以示別也。……書寓之初，

〔註63〕馬如飛，《陰盛陽衰》，見周良，《蘇州評彈舊聞鈔（增補本）》，古吳軒出版社2006年版，252頁。

〔註64〕（清）顧震濤，《吳門表隱》，江蘇古籍出版社1999年版，362頁。

〔註65〕吳宗錫主編，《評彈文化詞典》，漢語大詞典出版社1996年版，398頁。

〔註66〕馬如飛，《一張告示》，見周良，《蘇州評彈舊聞鈔（增補本）》，古吳軒出版社2006年版，252頁。

〔註67〕（清）王韜，《淞濱瑣話》卷十二，《筆記小說大觀》第35冊，江蘇廣陵古籍刻印社1984年版，112頁。

禁例甚嚴，但能侑酒主觴政，爲都知錄事，從不肯示以色身，今則濫矣。」〔註68〕這種「書寓」式女彈詞，盛行於同治年間，光緒年間已經衰落。〔註69〕

　　到了民國年間，彈詞女藝人以職業女性這一嶄新的面貌重新出現，這是與清末民初以來的女性解放思潮、女權運動分不開的。之前蘇州的光裕社只招男子，此時，「她們自乙亥（1935）有了組織──普餘社。不過普餘社並非單純的女彈詞組織，而是男女彈詞的共同集合，於戰前成立於蘇州。成立後即在蘇州開始彈唱，陣容甚盛，售座有時竟達千餘位，充滿場隅。後來接檔競達七八處，光裕社社員的場子生意，竟爲之低落。光裕社感到這樣的威脅，乃具狀控告於縣黨部，謂男女彈唱，『風化攸關』，要求禁絕。普餘社同人不服禁令，於是全體請願，哭泣陳詞，最後始達到繼續彈唱的目的。」〔註70〕從中可以看出，光裕社爲了自身利益，依然借助官府排斥女性在公開場合彈唱，然而時代發生了改變，她們以職業女性的身份重回書壇、側重用豐富的演唱技能來吸引聽眾，並受到聽眾的追捧。因此，光裕社想男性藝人一統天下的奢望再也沒能實現。

第四節　彈詞演出場所的擴大

　　從南宋時期陸游的《小舟遊近村舍舟步歸》其四中「斜陽古柳趙家莊，負鼓盲翁正作場」，到西湖老人《繁盛錄》中云：「唱崖詞只引子弟，聽陶眞盡是村人」〔註71〕來看，最初的說唱主要在鄉野村頭，演唱者往往是盲人，面對的聽眾則大多是底層的普通民眾。到了明代，彈詞已逐漸成爲市民喜愛的娛樂項目，明田汝成《西湖遊覽志餘》卷二十《熙朝樂事》中記載杭州八月觀潮的情形，「其時，優人百戲，擊毬關撲、魚鼓彈詞，聲音鼎沸。蓋人但藉看潮爲名，往往隨意酣樂耳」。〔註72〕

〔註68〕（清）王韜，《淞濱瑣話》卷十二，《筆記小說大觀》第35冊，江蘇廣陵古籍刻印社1984年版，112頁。

〔註69〕阿英的《女彈詞小史》及周巍的《技藝與性別：晚清以來江南女彈詞研究》等研究對女彈詞的有關情況都進行了詳細的論述，可供參閱。

〔註70〕阿英，《女彈詞小史》，柯靈主編，《阿英全集》第7卷，安徽教育出版社2003年版，425～426頁。

〔註71〕（宋）西湖老人，《繁盛錄》，《四庫全書存目叢書》史247冊，齊魯書社1996年版，653頁。

〔註72〕（明）田汝成，《西湖遊覽志餘》，浙江人民出版社1980年版，320頁。

　　隨著觀眾的增多，觀眾層的擴大，彈詞的表演場所也日漸豐富。如康熙六十一年（1722）章法在《竹枝詞》中寫道：「不拘寺觀與茶坊，四蹴三從逐隊忙，彈動絲絃拍動木，剎時躋滿說書場。」〔註73〕

　　除了村頭、集市、寺觀、茶坊、書場，文人、富豪之家的宴會也可常常看到彈詞藝人的身影。清林蘇門在《邗江三百吟·書場》中敘述彈詞的堂會演出云：

　　　　揚俗無論大小人家，凡遇喜慶事及設席宴客，必擇著名評詞、弦詞者，叫來侍侯。一日勞以三五錢、一二兩不等。……〔註74〕

　　於是，彈詞的演出場所不斷擴大，從陌頭村中到城市街頭，從茶館到廳堂都有彈詞藝人出沒。據吳琛瑜不完全統計，清中葉至清末，蘇州城內可知的書場有54家，這些書場大都是「茶館書場」，以飲茶為主，下午及晚上辟為書場，最大的可容二百餘客。民國時期蘇州市區共建立了112家書場。〔註75〕

　　而彈詞在上海的演出陣地則在舊式的茶樓書場之外，還出現了書寓彈詞，以及各種新式說書場所，除了新式的專業書場外，還有遊藝場書場，飯店書場，舞廳書場、旅館書場等。「1930年，西藏中路東方飯店開業，底層附設東方書場，座椅400餘席（一說600餘席），冬置皮墊，夏鋪草席，男女不分座，有水汀、電扇、擴音器，成為全市座位最多、設備最佳，不分男女座的全新書場。揚子、中央、南京、中南、大中華、遠東、一品香等30餘家中高級飯店和米高美、維也納、仙樂斯等18家舞廳競相仿傚。」〔註76〕到「40年代中期，上海（含周邊農村地區）有300餘家書場。」〔註77〕這些書場設備先進，吸引了大批聽客。

　　從姚民哀的《說書瑣話》中，我們可以大概瞭解遊藝書場和飯店書場在招募彈詞藝人等方面的一些情況：

〔註73〕（清）章法，《竹枝詞》，見周良，《蘇州評彈舊聞鈔（增補本）》，古吳軒出版社2006年版，76頁。

〔註74〕（清）林蘇門，《邗江三百吟·書場》，見周良，《蘇州評彈舊聞鈔（增補本）》，古吳軒出版社2006年版，177頁。

〔註75〕詳見吳琛瑜，《晚清以來蘇州評彈與蘇州社會———以書場為中心的研究》，上海人民出版社2010年版，35～65頁。

〔註76〕上海通志編纂委員會編，《上海通志》第8冊，上海社會科學院出版社2005年版，5502頁。

〔註77〕上海通志編纂委員會編，《上海通志》第8冊，上海社會科學院出版社2005年版，5502頁。

　　　　民國元二年間……上海方面之屋頂花園，祇樓外樓一處，所
　　搜羅之遊藝，遠不如目下之眾多。除林步青之蘇灘以外，唯有說書，
　　藉供遊客消遣。並且不用評話，專聘彈詞。爾時樓外樓經理，乃吳
　　江沈李周君。每一檔彈詞，擔任一小時，代價兩元，並無合同，做
　　一日算一日。普通彈詞家，雖自願減價登台，沈均婉言謝絕。當時
　　有做樓外樓資格之彈詞家，僅謝品泉、少泉叔姪，朱耀庭、耀笙、
　　吳小松、小石昆仲，暨不佞兄弟等十餘人。所以蘇州、常熟、崑山、
　　無錫、浙江嘉湖等埠，尚不時有說唱兼工之名家說書應聘。迨後新
　　世界開幕，創行打合同包定辦法以來，於是天外天、雲外樓、繡雲
　　天（即今之神仙世界）、勸業場（即今之小世界）、大世界、先施、
　　永安、新新等各遊戲場，相繼開幕，都羅致說書。旋遊戲場改變方
　　針，不注重於此道，而東方、遠東等各大飯店，又開闢書場。於是
　　蘇道說書麇集滬上。動輒一年半載。此處甫終，彼處開始，不復再
　　作走江湖、遊碼頭想。非但各城鄉延聘一檔盛名鼎鼎之彈詞或評話
　　家，艱難萬狀，即光裕社產生所在地之蘇州各書場，亦絕少著名說
　　書銜尾連續營業，不得已而求其次，奈個中人盡醉心上海賺錢之容
　　易。大抵在外埠做得薄有微名之後，無不作進上海想。一進上海，
　　都不願趁順收帆，十有八九，做得疲癃殘絕，方肯離滬。故上海書
　　場上，至少三檔或四檔合做。而此輩說書，皆屬獨當一面之才，非
　　必互相倚賴之普通說書。於是上海方面，供過於求。蘇錫嘉湖等處，
　　求過於供。太過不及，識者咸為說書不取，評判為自殺政策。不佞
　　固業中人，亦覺如此現狀，非同道之福也。〔註78〕

　　從姚民哀的記述中我們可以知道，當時的新式書場為了招攬生意，吸引
聽客，不惜花重金邀請名家，於是「蘇道說書麇集滬上。動輒一年半載。」
一開始蘇州、常熟、崑山、無錫、浙江嘉湖等地，還能請到說唱技藝高超的
名家彈唱，到後來就連光裕社所在地蘇州的各大書場，想聘請響檔銜尾連續
營業也是艱難萬分，只能退而求其次，更不用說其他各地。這都是因為彈詞
藝人「盡醉心上海賺錢之容易。」受此風氣影響，蘇州也開設了不少新式書
場。如「1928 年左右，蘇州開設了遊藝場附設書場，如景德路的逐園、留園
馬路的蓬萊世界，1930 年開辦了南顯子巷的惠蔭花園，30 年代北局人民商場

_____
〔註78〕姚民哀，《說書瑣話》，《紅玫瑰》1930 年第 6 卷第 30 期，1～2 頁。

頂層的屋頂花園。1930 年，中央旅館開設了書場，1935 年北局開設中華書場。」
〔註 79〕

　　爲了吸引聽客，書場在售票方式上也想盡花樣，「1943 年，新開滄洲書場，設座 481 席，日夜兩場，專聘知名響檔獻藝，實行聽書月票制，七折優待，一時成爲滬上聽書新聞。」〔註 80〕

　　1922 年上海創設無線電公司，開始電台播音。起初有些電台，因爲音質不佳，營業不振而停頓。至 1924 年夏，開洛公司成立，一開始它「播送之節目大多爲西樂及外國唱片，並播送極少數中國唱片，然迎合華人之節目太少，是以該公司經理發售之收音機未能暢銷。嗣經曹仲淵先生聘徐大經先生爲該臺主任，報告商情、時事，以靈通內地華人之商情，並多插中國唱片，添播彈詞節目一小時以增興趣（計播一年六個月即行取消）。」〔註 81〕公司希望通過彈詞節目，來增進國人購買收音機的熱情。從此，彈詞與這一新的傳播媒體相結合從書場走進百姓的臥室廳堂。

　　爲了提高收聽率，彈詞名家成爲各大無線電台爭奪的對象，徐雲志、周玉泉、薛筱卿、蔣月泉、嚴雪亭、楊振雄、朱雪琴、范雪君等一批響檔名家都相繼在電台彈唱。他們不僅唱彈詞，甚至還充當新聞和廣告詞的報告員。當時的報紙也記錄了這一盛況，如《申報》1928 年 7 月 21 日報導，南京路新新公司所屬的無線電台「除開洛原有王綬章彈詞《果報錄》、張少蟾彈詞《雙珠鳳》，及每星期六特別節目，均由該會播送外，現又加入李伯泉的彈詞《文武香球》一檔。」〔註 82〕

　　到 20 世紀 30 年代，彈詞節目更是發展迅速，1934 年，俞子夷在其《談廣播節目》一文中就當時聽眾提出廣播中娛樂節目太多，學術與教育的太少這一問題作了回應，並指出「娛樂中彈詞占第一」。他以上海中國電台二十八家（暫停播音者或無詳細節目表者不計）節目爲樣本進行了統計分析，並指

〔註 79〕吳琛瑜，《晚清以來蘇州評彈與蘇州社會———以書場爲中心的研究》，上海人民出版社 2010 年版，59 頁。

〔註 80〕上海通志編纂委員會編，《上海通志》第 8 冊，上海社會科學院出版社 2005 年版，5502 頁。

〔註 81〕金康侯，《中國播音協會之興替》，《舊中國的上海廣播事業》，上海市檔案館，北京廣播學院，上海市廣播電視局合編，檔案出版社、中國廣播電視出版社 1985 年版，80 頁。

〔註 82〕《申報》1928 年 7 月 21 日。

出「數目是指檔數，每檔約三刻或一點鐘，每星期五次或六次者作一檔算，不過二三者作半檔論。」統計結果爲：「彈詞 90、評話 17、開篇 7、歌唱 19、其他娛樂 10、講演問答 12、兒童節目 1.5、申曲 26、蘇州文書 9、四明文書 7、播音劇、話劇等 9、教國語、英語等 13、其他教授 6.5、蘇灘 7、宣卷 5、南方歌劇陶情 4、故事 7.5、新聞 6、娛樂的共 217.5、非娛樂的共 39.0。唱片節目沒有計入。其他娛樂，包括小調、越調、滑稽、大鼓、群芳會唱等。其他教授，包括教新歌、提琴、口琴、京胡、平劇等，也含有若干娛樂的意味。」最後將 28 家一平均得出，「非娛樂的，每家平均不過 1.3 檔罷了。娛樂的每家平均有 7.75 檔。每日每家平均播送七八時的娛樂，娛樂的機會眞多。」〔註83〕而且娛樂節目中彈詞最受聽眾歡迎。同時他也意識到在當時的上海，電台的正常運營要靠廣告來維持，所以電台內容不可能將民眾教育作爲唯一目標，他主張用具有新思想、新內容的彈詞來替代「私定終身後花園，落難公子中狀元」的舊式彈詞，從而改變聽眾的趣味，達到教育民眾的目的。

在孤島時期，彈詞依舊興盛，《申報》於 1938 年 11 月 29 日發表了新亮的《上海的播音界》一文，文中指出上海「最流行、最膾炙人口的節目是要算彈詞了。每天共有一零三檔，每檔計四十分鐘，總數爲四一二〇分鐘。假使一齊拿到一個電台上去播送的話，則需時二天又二十小時。」〔註84〕

蘇州的廣播電台，開始於 1930 年。此後陸續出現了多種形式的電台，到 1949 年 4 月蘇州解放時，蘇州在這十九年間先後有過十八家廣播電台。〔註85〕其中久大電台創辦於 1932 年，出版過評彈開篇《夜聲集》；百靈電台創辦於 1932 年秋，出版過《百靈開篇集》、《百靈唱片集》。其中《百靈唱片集》出過三集；蘇州電台創辦於 1935 年 9 月，出版過《天聲集》一、二冊，內容包含評彈開篇。〔註86〕

〔註83〕俞子夷，《談廣播節目》，《舊中國的上海廣播事業》，上海市檔案館，北京廣播學院，上海市廣播電視局合編，檔案出版社、中國廣播電視出版社 1985 年版，252～253 頁。

〔註84〕新亮，《上海的播音界》，《舊中國的上海廣播事業》，上海市檔案館，北京廣播學院，上海市廣播電視局合編，檔案出版社、中國廣播電視出版社 1985 年版，476～477 頁。

〔註85〕徐斌，《解放前蘇州的廣播電台》，《蘇州史志資料選輯》1989 年第 3～4 期，114 頁。

〔註86〕詳見徐斌，《解放前蘇州的廣播電台》，《蘇州史志資料選輯》1989 年第 3～4 期，109～128 頁。

除了廣播中的彈詞節目深受歡迎之外，彈詞唱片也受到追捧。大中華唱片公司在上世紀 20 年代就灌製王畹香、蔣賓初、魏鈺卿的彈詞開篇。各種流派唱腔、彈詞開篇都被灌製成唱片，在江南城鎮、大街小巷、商鋪家庭日夜播放。徐雲志的《狸貓換太子》與麒麟童的《打嚴嵩》成為百代公司最暢銷的兩張唱片。〔註87〕

當然，有感於廣播與社會教育的關係密切，聽眾和當局對廣播節目是否有傷風化也比較關注，如吳侍中在其於 1932 年 10 月 10 日發表在《無線電問答彙刊》中的《廣播無線電播音者與收音者應有之道德》一文中，批評有些「播音者實在缺乏道德，於播送節目時間，往往加入幾張粗俗而肉麻的唱片與不堪入耳的污穢言詞。」〔註88〕上海市教育局也於 1932 年 8 月 26 日發佈訓令：「查無線電播音流傳甚廣，且與社會教育有相互之關係，對於選材取義頗關重要。乃近查市內各無線電播音台播音材料類多彈詞、歌曲，每於言辭聲調之間含有誨淫傷風之意，殊足影響社會風化。茲為防微杜漸起見，合行令仰各電台遵照，此後關於播音材料務應鄭重選擇，憚免流弊，而維風紀為要。此令。」〔註89〕

1934 年 10 月 5 日《申報》有關於教育局審查發表首批播音節目的報導：「本市教育局為整頓本市各無線電播音台播音材料，前曾會同國際電信局決定由教育局負責審查各電台播音節目底稿。茲聞該局第一批審查結果，計准予播音者有話劇三種，彈詞九十八種，歌曲八十三種，故事五種，平劇六種；應修正覆核者，計彈詞一種，歌曲一種，話劇三種；不准播音者，計話劇四種，宣卷一種，彈詞八種，歌曲五種。又因四明文戲一項取材粗陋，強半涉於猥褻，殊與社會善良風化有關，業由該局函請國際電信局通飭各電台，自即日起一律禁止播音云。」〔註90〕教育局審核非常仔細，從審查結果可知，彈詞在電台播出眾多，此次審查通過的彈詞有九十八種，需修正覆核的一種，

〔註87〕詳見朱棟霖，《電視書場要辦「青年版」》，中國評彈網。
〔註88〕吳侍中，《廣播無線電播音者與收音者應有之道德》，《舊中國的上海廣播事業》，上海市檔案館，北京廣播學院，上海市廣播電視局合編，檔案出版社、中國廣播電視出版社 1985 年版，249 頁。
〔註89〕《上海市教育局為鄭重選擇播音材料致各電台訓令》，《舊中國的上海廣播事業》，上海市檔案館，北京廣播學院，上海市廣播電視局合編，檔案出版社、中國廣播電視出版社 1985 年版，184～185 頁。
〔註90〕《〈申報〉關於教育局審查發表首批播音節目的報導》，《舊中國的上海廣播事業》，上海市檔案館，北京廣播學院，上海市廣播電視局合編，檔案出版社、中國廣播電視出版社 1985 年版，206 頁。

而「有傷風化」不准播音的爲八種。

廣播也爲彈詞說唱提供了便利，前已論及傳統時代的彈詞名家往往以說唱一部長篇書目來作爲自己主要的營生手段，他們將其不斷發展改進，形成自己的風格，贏得聽眾。這一方面是由於長篇新書目對創作及演唱才能的要求很高，另一方面則是藝人需要遵守嚴格的師承派系，「凡同業各系宗支，勿得越做他書。」〔註91〕

電台及出版業的發達，爲彈詞藝人提供了前所未有的說唱環境。首先，市面上出版的彈詞文本隨時可拿來改編使用。其次，由於在電台中彈唱，彈詞藝人和聽眾不是面對面的，他們無需揣摩各種表情與手勢，甚至不需要熟記腳本，照本宣科即可。時人對這一現象有詳細的描述，據潘心伊《新的彈詞》中記載，彈詞藝人蔣賓初在各大電台彈唱，從開洛到亞美再到大中華，以及各種小電台，由於說唱的書目總是《三笑》、《雙金錠》，聽眾難免厭煩，所以他急需新書目來維持生計，當時潘心伊正在將《天雨花》改編成《玉人來》，蔣賓初很想彈唱此書，並設想將全書的提要付印，發給聽眾，作爲廣告宣傳，後來由於種種原因，沒能付諸行動。蔣賓初另外開唱他完全不熟悉的《玉蜻蜓》，他將《玉蜻蜓》的腳本帶到電台，邊看邊念，說得非常順利，一直說到《開缸滴血》，《徐元宰歸宗》爲止。此外，據說朱介生也是這樣看著腳本在電台說唱《落金扇》的，因此許多彈詞家，都認電台是個好地方。〔註92〕

然而，電台給說書帶來便利的同時，也使彈詞藝人的技藝退化：「在無線電裏說書，長久了，就得變成了一種習慣。因爲播音時，不比在書台上，既不必面部表情，更不必用甚手勢。而且要說得慢，說得穩。成了這種習慣，再上書台，便不易改變。台上說書，完全要口到眼到手到，立起坐下，一刻不停，倘然也像電台上一般的動也不動，聽起來就乏味了。有一次，蔣賓初在蓬萊市場說書，也像唱無線電模樣。有不少的聽客說『這個唱小書的，竟是一個僵屍』。」〔註93〕

總的來說，彈詞與這些現代傳媒相結合，使其傳播的時間和空間大大得到提高。廣播、唱片的出現，使聽眾足不出戶便能欣賞彈詞，彈詞的受眾進一步擴大。

〔註91〕吳宗錫主編，《評彈文化詞典》，漢語大詞典出版社1996年版，396頁。

〔註92〕潘心伊，《新的彈詞》，《書壇與電台》，《珊瑚》1933年第5期，1～3頁。

〔註93〕潘心伊，《一個僵屍》，《書壇與電台》，《珊瑚》1933年第5期，6～7頁。

第五節　彈詞與廣告

彈詞在電台中如此興盛，引起了商家注意，他們請來彈詞藝人為其廣作宣傳。時人對此多有記載：「晚近數年，盛行無線電播音，彈詞家生意亦鼎盛。各商家廣告，往往聘彈詞家播送。新開篇亦一時風起雲湧。」〔註94〕

據潘心伊總結，在電台中播送的廣告，大概有以下幾種類型：「（一）電汽公司自設電台，請說書者專一為自己營業鼓吹。（二）說書者自己去兜攬商店廣告，在說書時插入。（三）商店委託電台，將廣告插入說書。（四）商店請說書者借電台說書，除給說書者以薪水外，還須給電台的電費。就現在情形而言，以第三第四項居多。所有廣告，又以綢緞洋布業為多。」〔註95〕

對播送彈詞的過程中插入廣告，聽眾的態度又是如何呢？書藝高超的藝人能將廣告嵌在書裏，渾然天成，使聽者不覺厭煩。而那些中斷書情，直接播報廣告的行為，當然會使聽眾覺得刺耳和不快，因為一個小時的播音節目，除去開篇及廣告時間，能聽到故事內容的其實不過半小時，而且往往聽到緊要關頭，便插播廣告，如「沈儉安薛小卿，在『美靈登』唱《珍珠塔》，天天在半腰裏，人家聽得津津有味的當兒，停止說書，專說廣告，雖可以使人不能不聽，彷彿『拖住了辮子割耳朵』，可是聽眾恨極了。」〔註96〕但聽眾也無可奈何，只能遷就，因為在廣播中聽說書，可以省去往返書場的跋涉之苦，還能自由支配時間。

有些廣告商請人將廣告寫成開篇，在電台中反覆彈唱，如《銀耳》：

> 秋高氣爽菊花黃。流水行雲來去忙。日月不居人易老。霜楓漁艇柳堤傍。但只見，朦朧曉色在沙洲住。一片蓼蘋景色藏。天氣冷，過重陽。質庫名珍思鵕鸃。寒氣襲人秋已盡。大家庭，群思培補服膏湯。然而那及名珍品。銀耳中華久譽揚。此物效能真不二。生津止咳更滋腸。潤肺消痰稱上品。培元固本味鮮香。鹹甜隨意把調和味。只要清湯燉得良。中國四川盛出產。清華白潔質剛強。一經沸水來相泡。暫浸片時糯性長。入口甜香稱美味。滋元固本世無雙。當今海上無他店。只有四川商店是優良。出產地方親採辦。經銷上海在拋球場。門前標識殊清雅。燈彩光明西蜀商。銀耳名稱珍上品。四川商店早名揚。

〔註94〕倪高風，《倪高風開篇集》，新國民印書館1935年版，序9頁。

〔註95〕潘心伊，《說書與廣告》，《書壇與電台》，《珊瑚》1933年第7期，1～3頁。

〔註96〕潘心伊，《不得不遷就》，《書壇與電台》，《珊瑚》1933年第7期，3～5頁。

他那是不欺老少爲公平者。出售名珍有美譽良。能補氣。更潤腸。寒天第一是補元強。價廉物美無須說。嘗試方知道地良。止咳功能兼潤肺。所以是，名珍獨步在春江。春申江畔譽流芳。〔註97〕

這篇彈詞開篇從天氣入手，寫到漸漸入秋，正是滋補的好時節，引出生津止咳、潤肺消痰、培元固本的銀耳，最後得出正題：「當今海上無他店，只有四川商店是優良。」通過優美的詞句，引導顧客消費。

有時彈詞名家在電台中做廣告太賣力，也會受到別人的質疑。當時美商「棕欖公司」爲了推廣產品，特地租了「大中華」「國華」兩家電台，請彈詞名家張少蟾說唱。他白天在「國華」說唱《華麗緣》，晚上在「大中華」唱《雙珠鳳》。因爲晚上聽《雙珠鳳》的人比較多，所以他就格外用心宣傳，將棕欖香皀絲帶牌牙膏之類，編成開篇彈唱。於是一位聽眾寫信表示不滿：「你替棕欖公司宣傳廣告，太覺肉麻了，既有這番氣力，何不宣傳國貨，那你就不愧爲中國人了。」張少蟾看到之後，立即在廣播裏澄清：「鄙人爲生計所逼，既受棕欖之聘，代他宣傳，也是不得不然。況且中美邦交，並未破裂。我是宣傳美貨，不是宣傳仇貨。自問於心無愧。至於國貨，我倘有機會，自然要宣傳的。」最後還在無線電中立誓「如若私買有日貨。效勞日商，將來死無葬身之地。神明鑒之。聽眾鑒之。」〔註98〕

商家、電台與彈詞藝人形成了一種互利的關係。商家請來彈詞藝人在電台演唱，爲其推銷產品、廣作宣傳。此外，他們還非常注重聽眾的反映，聽眾可以通過寫信或電話等多種渠道與電台聯繫，來表達他們收聽節目後的感想，點播他們喜愛的作品，彈詞也因爲這商業化的關係，作爲一種大眾文化，在上海更加盛行。這三者的聯姻爲各自都帶來了巨大的商業效益。因爲電台說書遠比書場來得省力，而報酬又遠遠高於書場，因此，吸引了大批藝人。

第六節　彈詞演出書目的多樣化

聽眾的欣賞品位和需求，是彈詞藝人生存和發展必須考慮的問題。一方面由於時代的發展，本來限於閨閣的婦女，開始進入書場聽書，「光緒十六年（1890）彙泉樓書場開業，又名文明彙泉樓，因專用於評彈演出稱清書場。

〔註97〕倪高風，《倪高風開篇集》，新國民印書館1935年版，265～267頁。
〔註98〕詳見潘心伊，《無線電裏罰咒》，《書壇與電台》，《珊瑚》1933年第7期，5～7頁。

設聽眾席 242 座，臺前放老聽眾的『狀元桌』，兩側置靠背椅女聽客座席 20 座，場中列長條靠背椅聽眾席。」〔註 99〕有些女子甚至公開捧角，這使得書場彈詞的內容不得不兼顧她們的喜好。同時，隨著社會的發展，聽眾對彈詞老書目中的落伍思想，色情內容表達出希望改進的願望，而且由於報刊、廣播的興盛，社會熱點信息傳播迅捷而廣泛，據此改編而成的彈詞新書目、時事開篇大受歡迎。如，《王蓮英》、《閻瑞生》開篇，新書《槍斃閻瑞生》，都是根據 20 世紀 20 年代，一樁轟動上海的綁票案編寫的。因為策劃此案的殺人犯是一位大學生，所以引起了社會各界的廣泛關注。而《黃慧如和陸根榮》則是根據 1923 年發生在上海的一椿小姐和僕人私奔的眞人眞事編寫而成。1935 年《新聞夜報》刊載過《黃慧如》開篇，共分 16 篇：別家、赴申、閨居、初會、喜信、婚變、僕勸、露蹤、盤責、宵遁、告白、遊觀、詐訛、公堂、初探、上訴。詳細敘述了此事的經過。此外，還有根據當時流行小說《啼笑因緣》、《滿江紅》、《秋海棠》等改編的彈詞。

與此同時，說書藝人本身也在不斷進步，他們積極參與社會活動，將義演所得捐助軍需，在表達自己愛國情感的同時也號召了廣大聽眾，如「說書業同人王緩卿、王效松、王子和、周杏泉、周泌泉、許文安、楊月槎、楊星棱、謝品泉、謝少泉、張步雲、何雲飛、何駭飛、朱耀庭、朱耀簽、張福田、金耀孫、金繼祥、錢九皋、錢幼卿、郁蓮卿、葉聲揚、葉聲亮、朱秋田、石秀峰等，以組織中華共和國民國，四萬萬同胞，無論男女老幼，均有責任。現下上海各商業，已先後捐助軍需，豈說書業中人，別具肺腸？爰於日昨在該業光裕社會所議定助餉辦法，並發傳單云：『敬啟者：商等託業雖微，愛國之心同具。今當中華光復之際，北伐急待後援。商等不揣綿薄，擬即日於各書場說會書一次，應得書資，悉備北伐之助。尙望諸公不嫌污耳，早賜光臨，不勝盼切之至。謹此布聞。元月 13 日星期六，得意樓、合和軒、第一樓、群賢樓；14 日星期日，柴行廳、群玉樓、康園船舫、得月樓；15、16 兩日星期一、二，北市各書場。』」〔註 100〕潤餘社成員也不甘落後，緊隨其後：「本埠各茶肆向有雇人演唱彈詞以及講說演議等書，向分光裕社、潤餘社兩幫。光裕社已於上月會書籌助軍餉，

〔註 99〕 上海通志編纂委員會編，《上海通志》第 8 冊，上海社會科學院出版社 2005 年版，5502 頁。

〔註 100〕 《說書業助餉啟事》，《時報》1912 年 1 月 12 日，上海社科院歷史所編，《辛亥革命在上海史料選輯》，上海人民出版社 1981 年版，671 頁。

故潤餘社同人沈廉舫、程鴻飛、凌雲祥、郭少梅、謝鴻飛等，慨念軍餉缺乏，特邀同志，定於二十三、二十四、二十五三夜，在康園、明園等處，所得書資，悉助北伐軍餉。集腋成裘，不無小補。並於該三日，請林步清演說。又朱酉山、周瑞卿施演幻術，以助聽客之興。昨已稟准軍政府，屆期實行。」〔註101〕這一階段，彈詞演出的書目、開篇異常豐富。

一、彈詞開篇的興盛

電台播音的興起，使彈詞藝人對開篇作品的需求量驟增，周瘦鵑對此深有同感：「自無線電流行以來，風靡中土，凡電波流通之處，幾乎家家都有一座收音機了。多數聽眾而所愛好的，仍以說書先生的彈詞爲最，甚麼《珍珠塔》啊，《雙珠鳳》啊，《三笑》啊，《玉蜻蜓》啊，都是百聽不厭的，而說書以前的一隻開篇，尤其是眾望所歸，一個個電話，一封封書信，紛紛點唱。任是商店中推銷貨物的開篇，說書人哭父哭子的開篇，也以爲怪有趣怪好聽的，老是點個不了，唱個不休。文人們見開篇這般的受人歡迎，就雕肝鏤心的大做其開篇，大出其開篇集，其間，聲調鏗鏘詞句典雅的，當然很多，而東拼西湊，牽強附會，甚至字句欠通的，也在所難免。」〔註102〕鄭逸梅對這一現象也有描述：「一自海上無線電風行，各大電台爭聘彈詞家爲開篇之播唱，以應各界之要求，於是開篇一支不已而再三之。而開篇之於彈詞，漸有喧賓奪主之勢。然彈詞家之開篇，競翻花樣，資料易窮，不得已乃四出徵求。」〔註103〕

於是開篇領域成了「書迷」文人大顯身手的用武之地。如被稱爲「開篇三傑」的沈芝生、許月旦、鄭心史以及張健帆等，曾於上世紀 30 至 40 年代在《申報》等報刊上，闢設《評話人物志》《書壇掌故》等專欄，撰寫了大量評彈藝術的文章和開篇。戲曲、曲藝史專家趙景深，對評彈一往情深，除了在 30 年代末出版過《彈詞選》和《彈詞考證》等專著外，還身體力行特地爲彈詞名家汪梅韻寫了《汪氏開篇》和褒揚《寧武關》中周遇吉之妻的《劉夫人》等。〔註104〕

〔註101〕《彈詞業助餉》，《民立報》1912 年 2 月 9 日，上海社科院歷史所編，《辛亥革命在上海史料選輯》，上海人民出版社 1981 年版，671—672 頁。

〔註102〕倪高風，《倪高風開篇集》，新國民印書館 1935 年版，序 3 頁。

〔註103〕倪高風，《倪高風開篇集》，新國民印書館 1935 年版，序 15 頁。

〔註104〕江更生、秦來來，《舊上海的評彈作家》，《新民晚報》2007 年 7 月 22 日。

倪高風，蛟川人（今浙江鎮海），師從何燮卿、馮鐵生，善於交際「一時
文壇諸子，莫不樂於過從。」歷任天靈、友誼、利利等廣播電台主任、副經
理，《遊藝場報》、《金鋼鑽報》編輯，因此，很多彈詞家也是他的朋友。他在
《金鋼鑽報》時主持「游於藝欄，排日刊載新舊開篇，綿亘約二月之久。頗
獲讀者之稱譽。」〔註105〕他對這一經歷的回憶是：「編輯《金剛鑽報》「游於
藝欄」，中間曾搜開篇之稿，按日刊登專輯，奈以平仄之失調、音韻之未粘，
輒擱筆而費躊躇。自後，來稿雖有源源，無如佳者寥寥，彈詞家之藏稿，既
多疵謬，新著作之韻什，又復平常。」〔註106〕於是，他閉戶著書，出版開篇
集《嬝嬝集》、《倪高風開篇集》、《倪高風對唱開篇集》等，此外，他還為好
友陸澹庵校訂過《啼笑因緣彈詞》和《啼笑因緣彈詞續集》。

《倪高風開篇集》，十多萬字，開篇唱詞三百餘首，書名由當時的上海市
長吳鐵城題簽。其後為其作序的有：嚴獨鶴、周瘦鵑、孫漱石、鄭正秋、戚
飯牛、陸澹盦、施濟群、鄭逸梅、顧明道、程小青、范煙橋、徐卓呆、趙眠
雲、陶冷月、吳雙熱、徐哲身、尤半狂、徐碧波、高天棲、屠守拙、吳承達、
張枕綠、章琴山、張舍我、張夢飛……，此外還有光裕社、潤裕社的序以及
自序，之後還有各類名人的題詞。書中有一頁「諸大名彈詞家暨名彈詞票友
愛唱本書之親筆簽名」，共有六十七位彈詞名家及票友圍繞著正中央「我愛唱
倪高風開篇集」幾個大字展開了簽名。幾乎囊括了當年文藝界、彈詞界的風
雲人物，足見其交遊之廣。

倪高風不僅善交際，還善於推銷產品，他在《倪高風開篇集》中大做插
頁廣告。有《啼笑因緣彈詞》、《流水行雲》、《西城記》等圖書廣告；天發祥
皮貨局；利利土產公司；中國啤酒；美國鮮橘水；故宮日曆；胃痛靈藥；青
青養蜂場；三星珠鑽號；四川銀耳；飛歌，老牌無線電收音機；上海虹口產
科醫院；飛虎牌水粉漆等等，五花八門，不下五十種。

此外，他還為自己做廣告，書中寫有「欲做無線電播音廣告者啟示」：「高
風不敏，廁身電台界，迄今約四五年，而此時播音，尚屬萌芽時代。乃因歷
來所獲，對於無線電播音廣告一道，略有心得。復以性好文藝，濫竽文壇，
年前曾主編《遊戲場報》，因與各項遊藝家，多有相當交誼。茲值百業凋零，
物物相竟之商戰時代，播音廣告實為號召顧客不可少之利器。高風有鑒於斯，

〔註105〕倪高風，《倪高風開篇集》，新國民印書館1935年版，序13頁。
〔註106〕倪高風，《倪高風開篇集》，新國民印書館1935年版，序57～58頁。

以歷年所得，不自藏拙，爲各寶廠店號公司服務。凡屬一切播音廣告，不論大小，可致函……」〔註107〕從中不難看出，彈詞開篇與商業的聯繫日趨緊密。

二、文人改編書場彈詞

　　現代小說與彈詞結緣，從現有材料可知，是從陸澹庵開始的。鄭逸梅在《藝壇百影》中這樣介紹陸澹庵：「他原名衍文，字劍寒，世居蘇州洞庭山莫釐峰下。家有明志堂，便取義諸葛武侯語：『澹泊以明志』，乃號澹盦，後以盦字筆畫太多，省改爲庵，又省改爲安，用澹安的筆名已數十年了。」〔註108〕他「畢業於江南學院法科，後歷任上海同濟大學、上海商學院國學教授和務本、敬業等中學國文教師，兼任廣益書局、世界書局編輯。」〔註109〕歷史選擇他也許並非巧合，陸澹庵從小就浸染在蘇州彈詞的氛圍之中，對彈詞有很深的感情和造詣。他還寫有《彈詞韻》，爲編寫彈詞定下準則，被彈詞演員奉爲圭臬。

　　他不僅精通彈詞韻律，而且對書場彈詞文本與文人彈詞文本的區別也有清楚的認識，正因爲陸澹庵對彈詞各方面都非常熟悉，所以在將現代小說改編成彈詞唱本時遊刃有餘，能契合書場彈詞改編的規則。他共將《啼笑因緣》、《秋海棠》、《滿江紅》等十餘種小說改編成彈詞。而其中，受到最廣泛關注的便是根據張恨水小說改編的《啼笑因緣彈詞》及其續集。

　　張恨水的長篇言情小說《啼笑因緣》，自 1930 年 3 月 17 日在《新聞報》副刊《快活林》上連載以來，讀者反響熱烈。而此時的彈詞正處於變革時期，女性聽眾成爲書場的常客，廣播書場的盛行，時局的動亂，都使得聽眾的品味發生改變，亟欲新書目的出現，《啼笑因緣彈詞》應運而生。

　　陸澹庵在爲《啼笑因緣彈詞》所寫的自序中如是說：「恨水著《啼笑因緣》，余讀而喜之，謂足樂我，因製爲彈詞，播之絃索，兼欲以是樂天下人。」〔註110〕他將改編的意圖寫得很簡潔明瞭，因爲喜歡《啼笑因緣》，所以將它改編成彈詞，「欲以是樂天下人」，而在別人的回憶中，內容則更爲豐富。

　　據彈詞名家姚蔭梅回憶，「小說《啼笑因緣》這辰光在報紙上連載，一時

〔註107〕倪高風，《倪高風開篇集》，新國民印書館 1935 年版，插圖頁。
〔註108〕鄭逸梅，《藝壇百影》，中州書畫社 1982 年版，171 頁。本書除引文及參考文獻外，其餘均採用「陸澹庵」寫法。
〔註109〕吳宗錫主編，《評彈文化詞典》，漢語大詞典出版社 1996 年版，140 頁。
〔註110〕陸澹庵，《啼笑因緣彈詞》，三一公司 1935 年版。

鬧動上海。文明戲、電影都把它編成戲，拍成電影。沈儉安、薛筱卿要在蓓開唱片公司灌唱片，就叫戚飯牛根據報紙上連載的《啼笑因緣》小說編寫成唱篇，由沈、薛去蓓開灌唱片，並去電台播唱。當時上海的蘿春閣書場剛開張，請了李伯康的《楊乃武》去『開青龍』，後來李伯康被東方飯店書場用高價挖了去。蘿春閣沒人去『開青龍』，經人介紹請耀祥先生彈唱。這時《啼笑因緣》的唱片在電台播放影響很大，書場要朱耀祥唱《啼笑因緣》。耀祥先生經戚飯牛介紹，準備請陸澹安幫助編寫，陸澹安不肯寫，朱蘭庵（即姚民哀）願意幫助先生編寫。朱蘭庵先生幫助耀祥先生編了兩三回《啼笑因緣》就不編了，耀祥先生就自己編。耀祥先生唱過『蘇灘』，方言很好，一說這部書影響很大。蘿春閣這時第一次在上海用霓虹燈掛照牌，非常顯眼。日夜場可做七百多人。後來陸澹安與平襟亞來蘿春閣聽書，覺得唱篇寫得不好。平襟亞叫陸澹安幫助耀祥安先生編唱詞，報酬是《啼笑因緣》出版時稿費全部給陸。」〔註111〕這一版本是說彈詞藝人請陸澹庵改編，他一開始不願意，後來去聽彈詞時覺得別人的唱篇寫得不好，於是又動手改編。

　　另一種說法是，陸澹庵自己有意將《啼笑因緣》改編成彈詞。「上世紀 30 年代，陸澹安常去南京路浙江路的蘿春閣茶樓書場聽書，有一次與場東聊起，想把當時風行的張恨水小說《啼笑因緣》改編成彈詞。書場主人隨即懇請陸著手撰寫，並力薦由『響檔』朱耀祥、趙稼秋演唱。陸澹安正在醞釀之際，又應蓓開唱片公司任職的同窗之請，根據《啼笑因緣》中的情節，為另一『響檔』沈儉安、薛筱卿寫了《別鳳》《舊地尋盟》《絕交裂券》等唱段，錄製成唱片。朱趙二人誤以為陸將腳本給了『沈薛檔』，便改請同道朱蘭庵（即姚民哀）編寫，誰料僅編了幾回就半途而廢。陸聞知後，向朱趙告明原委，消除誤會，遂寫成了《啼笑因緣彈詞》和《啼笑因緣彈詞續集》交付朱趙。」〔註112〕

　　無論哪個版本更接近於事件的本來面目，隨著時代的發展，彈詞藝人對現代小說改編而成的書目所表現出來的需求與倚重已顯而易見。《啼笑因緣》改編成彈詞之後，在書場和無線電台大受歡迎，許多聽眾希望能看到腳本，倪高風從中看到了無限商機，因此他與汪仲年，戴桐秋合組三一公司，向陸

〔註111〕聞炎記錄整理，《回顧三、四十年代蘇州評彈歷史──座談會發言摘要》，《評彈藝術》第 6 集，中國曲藝出版社 1986 年版，248 頁。

〔註112〕劍簫、江更生、秦來來、陳平宇，《弦邊自有生花筆》，《新民晚報》2007 年 7 月 22 日。

澹庵購得此書的著作權，在陸澹庵進一步加工之後，印成單本發售。《啼笑因緣彈詞》正集於 1935 年 8 月出版，上下冊四十六折，二言目，校訂者爲倪高風。除自序外，還有嚴獨鶴、周瘦鵑等十四人爲其作序，姚民哀等三人題詞，陣容非常強大。此書一出，「行銷甚廣，無線電聽眾，殆靡不人手一編，歎爲佳構。」〔註113〕《啼笑因緣彈詞續集》於 1936 年 6 月，由蓮花出版社出版，上下冊四十六折，二言目。除自序外，還有姚民哀、施濟群、倪高風所作的序言。

　　《啼笑因緣彈詞》，先由沈儉安、薛筱卿演唱戚飯牛改編的開篇，後由朱耀祥、趙稼秋拼檔說唱長篇，朱趙二人將陸澹庵的《啼笑因緣彈詞》再度創作，反覆試唱加工，注入「鄉談」和「噱頭」，吸收「文明戲」的表演、民間小曲和大鼓等，令聽眾耳目一新，又在電台播唱，因此紅遍了上海及蘇浙一帶，還開了評彈書目用霓虹燈做廣告的先河。〔註114〕後來朱耀祥傳子少祥、學生徐似祥等，也非常有名。除朱、趙這一脈外，還有一些人說唱《啼笑因緣》，主要有：（1）1936 年起，姚蔭梅根據陸澹庵的彈詞改編本和張恨水原著改編演出，自成一家，爲大響檔。（2）范雪君於 30 年代末、40 年代初說唱《啼笑因緣》，曾紅極一時。（3）蔣雲仙爲朱耀祥之子少祥的學生，後又拜姚蔭梅爲師，得姚的指導，演出較有影響。（4）其他根據同名小說編演的，有秦紀文、許韻芳、張月泉、王似蘭等。〔註115〕

　　通過藝人們的回憶，我們可以瞭解《啼笑因緣彈詞》是怎樣從彈詞文本轉變成彈詞演出的。據姚蔭梅回憶在 1935 年時，有位書場老闆知道他是朱耀祥的學生，就擅自將他彈唱的書目改成了《啼笑因緣彈詞》，他沒有辦法「就根據報紙上登的彈詞，編唱起《啼笑因緣》來了。第一天上台說這部書出盡了『洋相』。因當時《啼笑因緣》彈詞已出版，來聽書的聽眾百分之八十的人手中都捧著一本書，我唱一句，他們對一句。我說這部書是趕出來的，唱詞不全，聽眾見我唱錯了就搖頭。」〔註116〕從姚蔭梅的經歷可知，雖然《啼笑因緣彈詞》符合書場彈唱的規則，但藝人如果僅僅按文本彈唱，是無法很好

〔註113〕陸澹庵，《啼笑因緣彈詞續集》，蓮花出版社 1936 年版，序 9 頁。

〔註114〕劍簫、江更生、秦來來、陳平宇，《弦邊自有生花筆》，《新民晚報》2007 年 7 月 22 日。

〔註115〕吳宗錫主編，《評彈文化詞典》，漢語大詞典出版社 1996 年版，394 頁。

〔註116〕聞炎記錄整理，《回顧三、四十年代蘇州評彈歷史──座談會發言摘要》，《評彈藝術》第 6 集，中國曲藝出版社 1986 年版，249 頁。

的滿足聽眾需求的。由於聽眾帶著陸澹庵改編的《啼笑因緣彈詞》來聽書，給姚蔭梅的說唱生涯帶來一道難題，於是他研讀原著，改變唱詞，與聽客交談獲取有益的建議，並且親自跑到北京天橋去體驗生活，在說唱過程中不斷修改，功夫不負有心人，1945年「他進上海彈唱《啼笑因緣》，贏得了更大的聲譽，從而聞名江南。」〔註117〕他憑藉深厚的藝術素養以及多方面的生活積累，使其彈唱的《啼笑因緣彈詞》與原著相比，在情節安排、人物塑造、心理刻畫等方面都有獨特的創造，不僅篇幅大為增加，而且還充分體現了彈詞的藝術特色。

首先、姚蔭梅的《啼笑因緣彈詞》是代言體的，人物上場自報家門，內容分角色演繹，彈詞藝人大部分時間是以書中人物的角色進行表演，而到了某一關鍵處，或觀眾會有疑問的地方，則會中斷書中人物的演唱，轉而以彈唱者的身份對故事進展進行「解說」或「評論」。

第二、故事情節的合理拓展。根據小說改編的彈詞，與彈詞的經典書目一樣，聽眾對它的內容已經非常熟悉，所以更注重的是藝人如何說唱故事，因為不同的藝人處理、表演的方式不同，會給聽眾帶來不同的愉悅享受。姚蔭梅彈唱的《啼笑因緣彈詞》在忠於原著的基礎上，遵循彈詞藝術的發展規律加以豐富。他將原著中多處情節加以合理的轉換拼接，如將樊家樹被綁票的情節提前，與「逼嫁」相接等等，使得七十回的《啼笑因緣彈詞》環環相扣，關子不斷，引人入勝的書情持續吸引著聽眾。

第三、語言幽默風趣。作為大眾表演的彈詞藝術非常生活化，為了迎合聽眾的審美趣味，彈詞往往表現的活潑、詼諧。「噱」，即通過「說唱」來製造引人發笑的內容。「放噱」手法對於調動聽眾的欣賞興趣，促進藝人與聽眾的現場交流，十分重要。所以，藝諺中有「一噱遮百醜」和「噱乃書中寶」的說法。晚清徐珂《清稗類鈔‧音樂類》「彈詞」中說：

> 彈詞之插科，彼業謂之俴頭，俴頭之佳者，其先必遲回停頓，為主要語作勢，一經脫口，便戛然而止。科白之能解人頤，非簡練揣摩不可，其妙處在以冷雋語出之，令人尋味無窮。然亦有過於刻畫，尚未啟齒，而已先局局者，下乘也。〔註118〕

姚蔭梅深諳此道，他在彈唱中吸收了大量鮮活的語言，各地方言所特具

〔註117〕姚蔭梅，《啼笑因緣》上冊，江蘇文藝出版社1988年版，序2頁。
〔註118〕（清）徐珂，《清稗類鈔》第10冊，中華書局1986年版，4944頁。

的幽默、傳神，被他運用得出神入化。劉將軍的山東話、王媽的常熟話、劉福的浦東話等，還往往在書中起到喜劇的效果。他還用詼諧的語言來塑造人物形象：

> （表）劉大胖倒想起來了，不是司密司，是密司。他把椅子捅得跟沈小姐近些。（劉德柱白）我說密司。（沈鳳喜白）將軍。（劉德柱白）密司，你今年幾歲了？（沈鳳喜白）十七歲。（劉德柱白）你家裏有沒有大密司，小密司？你們老密司身體好！
>
> ……
>
> （表）鳳喜也在看他。……只見他：（韻白）身體像浸胖的海參，肚子像打了氣的河豚。腦袋像豐收的冬瓜，耳朵像杜裏的餛飩。眉毛像熟透的香蕉，紅棗子一般的眼睛。鼻子像一個高裝饅頭，如果稱稱，足有半斤。兩片醬油色的嘴唇，又像打破的五茄皮酒瓶。仁丹招牌的鬍鬚，像特大的烏菱。臉色像走油肉的肉皮，烏黑倫敦。兩隻手像熊掌，笑起來像雄鴨子叫的聲音。一副吃相實在難看，想不到是一個有名的將軍。〔註119〕

在這裏，劉德柱作為一個丑角的形象被詼諧的語言塑造的栩栩如生，在加深聽眾印象的同時，也可以增加書的諧趣。因為這些笑料都與書情緊密貼合，所以並不使人覺得突兀。此外，彈詞中還有大量的心理刻畫，它與彈詞中無與倫比的語言藝術互相契合，互為映託，形成了《啼笑因緣彈詞》持久的魅力。

《秋海棠》於 1941 年 2 月至 12 月在《申報・春秋》上連載，它所引起的轟動與《啼笑因緣》驚人的相似。1942 年 7 月，便由金城圖書公司發行單行本，還被移植為其他的劇種，又被搬上銀幕。1945 年，上海大華隆記公司開設的大華書場，擬聘請正處於上昇階段的范雪君登台獻藝。苦於沒有合適的彈詞腳本，大華書場負責人張作舟想到《秋海棠》，覺得書中角色很適合范雪君表演，便找到已成功改編《啼笑因緣》的陸澹庵，陸澹庵欣然答應於 1945 年春完成了《秋海棠》的改編。演出當天，近千座的書場加座至 1200 多人。范雪君從此一炮打響，躍入名家響檔行列，《秋海棠》成為其「看家書」之一，奠定了她在中國評彈界的地位。1946 年，上海文藝界在新仙林舞廳評選文藝

〔註119〕姚蔭梅，《啼笑因緣》上冊，江蘇文藝出版社 1988 年版，334～335 頁。

界各界皇后頭銜，范雪君獲彈詞皇后。〔註 120〕此外，20 世紀 40 年代初彈唱
《三笑》、《玉蜻蜓》的藝人王宏蒸也根據秦瘦鷗的小說改編，與弟弟王如蓀
拼檔演出《秋海棠》彈詞，也有一定的影響。

　　1940 年，陳範吾爲嚴雪亭整理潤飾長篇彈詞《楊乃武與小白菜》。1947
年張夢飛應范雪君之邀，爲其編寫《雷雨》三十回和《賽金花》四十回，張
夢飛 1960 年受聘爲上海文史館館員，傳世彈詞作品有《李闖王》、《三上轎》、
《信陵君》等。〔註 121〕

　　《啼笑因緣》與《秋海棠》等從小說到文人改編的彈詞文本，再到藝人
加工潤色的書場彈詞，紅遍了上海及蘇浙一帶，成爲彈詞中的經典書目。從
彈詞名家爭相請名家改寫彈詞可知，當時的文人與彈詞演出的關係相當密
切，如陸澹庵、戚飯牛、姚民哀等人不僅對彈詞演出有濃厚的興趣，而且對
彈詞韻律也有很深的造詣，同時還深入瞭解彈詞的受眾，因此，他們根據小
說改編而成的彈詞文本深受彈詞響檔和聽眾的喜愛。更值得一提的是他們不
僅僅將小說改編成彈詞，更身體力行的創作彈詞，在理論上探索彈詞寫作的
藝術規律。

〔註 120〕詳見秦來來，《小說〈秋海棠〉的戲劇衍生》，《新民晚報》2011 年 3 月 27 日。
〔註 121〕詳見江更生、秦來來，《舊上海的評彈作家》，《新民晚報》2007 年 7 月 22 日。

第二章　晚清民國男作家彈詞研究

　　在清代社會，文人與彈詞有著千絲萬縷的聯繫。他們一方面認爲彈詞地位不高，如《燈月緣》卷首《序》中稱：「詩變爲詞，詞變爲曲，曲又降而爲彈詞，末技中之末技。吾知操觚之家固有不屑過問焉者。」〔註1〕一方面又積極參與到彈詞的創作、潤色修改、題詩寫序、出版、收藏中去。〔註2〕有些文人，甚至還進行彈詞講唱。如清陳作霖在其《可園文存》卷十二的《先妣行略》中寫道：「先妣年逾耄耋，耳目聰明，不孝等第晚隨侍，輒講稗官彈詞以消永夜，或諸女孫歸寧即共作葉子戲，必至三更而後寢，迄今思之此樂何可再得哉。」〔註3〕這裡是爲了娛母，當然也不乏文人受生計所迫，改行唱彈詞的，如，吳毓昌原是塾師，後來編演過《三笑新編》。總之，彈詞無論是作爲一種講唱藝術，還是其文本，都受到了文人的廣泛關注。這在他們的小說、戲曲、詩詞創作中都有所反映。〔註4〕而最直觀的，則是他們改編及創作的大

〔註1〕（清）戴定相，《燈月緣‧序》，見譚正璧，《評彈通考》，中國曲藝出版社1985
　　　年版，224頁。
〔註2〕文人與彈詞出版也有著千絲萬縷的聯繫。書坊主往往請文人寫序，順便推銷
　　　一下彈詞，而有些文人家裏往往有彈詞女作家，爲她們的作品寫序，更是義
　　　不容辭。在古代，彈詞地位不高，然而這並不說明文人不收藏彈詞。最好的
　　　例子便是揚州吳引孫的測海樓藏書，1931年11月，富晉書社編《揚州吳氏
　　　測海樓藏書目錄》四冊出版，在此目「子總部‧小說類」中，我們看到測海
　　　樓中藏有《繡像錦上花》、《雙飛鳳》、《繡像全圖筆生花》等二十多種彈詞。
〔註3〕（清）陳作霖，《可園文存》卷十二，《續修四庫全書》第1569冊，上海古籍
　　　出版社1995年版，437頁。
〔註4〕清代文人的小說、戲曲、詩詞、散文中都不乏彈詞的身影。如《紅樓夢》第
　　　六十二回中，「兩個女先兒要彈詞上壽。眾人都說：『我們這裡沒人聽那些野
　　　話，你廳上去，說給姨太太解悶兒去罷。』」（清）曹雪芹，《紅樓夢》，人民

量彈詞作品。〔註5〕清代文人進行的彈詞創作與改編，是與整個清代彈詞發展史相始終的。

　　彈詞發展到近代，在延續之前的寫作傳統外，隨著時局的變化，在內容以及表達的側重點方面也已有所改變。特別是到了晚清，受梁啟超等人小說界革命的影響，小說地位迅速提高，被賦予喚醒民眾的使命。彈詞作為「舊小說」中的一員，也成為當時有識之士用來宣傳教育的文學樣式。在這一背景之下，彈詞創作中出現了與之前以消閒娛樂為主調的作品大不相同的憂國憂民之作，如李伯元的《庚子國變彈詞》、鍾心青的《二十世紀女界文明燈彈詞》等，他們在作品中注入新思想、新內容，企圖以彈詞警醒國人、挽救時局。

　　辛亥革命之後，彈詞在愛國志士筆下，一方面繼續發揮著宣傳新思想，普及知識的作用。如義水的《富爾敦發明輪船彈詞》，發表於 1916 年的《小說月報》第七卷第二號上。另一方面，許多當時的小說名家也涉足了彈詞創作。如，李東野著有《俠女花彈詞》、《孤鴻影彈詞》，張丹斧著有《女拆白黨彈詞》，程瞻廬著有《孝女蔡蕙彈詞》、《同心梔彈詞》、《明月珠彈詞》、《藕絲緣彈詞》、《哀梨記彈詞》、《君子花彈詞》等作品，陳蝶仙、許瘦蝶、姚民哀、胡懷琛、范煙橋、郁霆武等都曾創作過彈詞。彈詞創作，一時蔚為大觀。

　　與清代彈詞女作家動輒幾百萬字的作品不同，這些彈詞限於報刊的發行要求以及作者們自身的創作模式，在篇幅上多屬中篇。此時出現的彈詞女作家，如姜映清，在作品的風格與內容方面均與當時的男性作家相類似，並得到他們的認同。她創作的《風流罪人》，三十二回，七至九言聯目，1926 年由上海大陸圖書公司排印，除有自序外，還有王鈍根、劉豁公的序。

　　隨著五四新文化運動的興起，這類與舊派小說內容相似的彈詞創作漸告消竭。范煙橋在其 1927 年寫成的《中國小說史》之「最近之十五年」中說：

　　　　文學出版社 1981 年版，794 頁。此外，還有一些戲曲作品直接根據彈詞改編
　　　　而成。如嘉慶五年（1800）孔廣林作雜劇《女專諸》，本事就取材於《天雨花》
　　　　中《刺賊》一段。清代文人為彈詞演唱者寫傳，寫詩的不在少數。最為有力
　　　　的例子是李斗的《揚州畫舫錄》，由於他的記錄，使清代眾多的彈詞名家得以
　　　　流傳。
〔註5〕　從現存作品來看，有一部分男作家熱衷創作代言體彈詞，而且往往根據流行
　　　　已久的小說、戲曲改編。如徐品南的《錦香亭》改編自清人石琰所作的同名
　　　　傳奇。按照題材內容的不同，他們創作的彈詞大體可以分為以下幾種類型。
　　　　寫史類彈詞；教化啟蒙類彈詞；遣懷娛樂類彈詞。

「中華民國之建立⋯⋯惟此十五年中，於『雜記』『傳奇』『戲曲』『彈詞』皆告休止，蓋以製作時之艱辛，觀摩時之探索，與現時代之環境不相容，於是『章回小說』與『短篇小說』乃特見進展。」〔註6〕此時見於報刊的也大多是彈詞開篇，很難見到長篇的彈詞作品。

　　然而，20世紀30年代，得益於書場彈詞的興盛，文人改編的彈詞文本大量出現。如，陸澹庵就根據小說改編了《九件衣》、《滿江紅》等多種彈詞。范煙橋主編的《珊瑚》半月刊，在1933年出現對這一現象表示詫異的言論：「中國的群眾心理，真難測驗，在這個年頭，還有彈詞的立足之地，不是可以驚異的一回事麼？！無線電裏播送陳年宿古董的彈詞不算，新編成的有陸澹盦的《啼笑因緣彈詞》，陳瞻廬的《歡喜冤家彈詞》，說不定以後還有生意經。這是什麼現象！我總以為還是有閒階級在那裏作祟，這和長篇章回小說的風行，是同一理由的。」〔註7〕此後，隨著抗戰的開始，彈詞的宣傳功能再次得到重視，在各界的呼籲聲中，產生了大批與抗日救亡相關的彈詞作品。

第一節　晚清民國男作家彈詞創作興盛的原因

　　成書於明末清初的《天雨花》結尾有「彈詞萬本將充棟」的描寫，可見當時彈詞文本的盛況。當時間來到清末民初，閱讀者對彈詞文本的興趣依然沒有減弱，這從石印術興起後，印刷的大量彈詞文本可見一斑。因為趨利的商人，如果無利可圖，他們是不會出版如此多的彈詞文本的。當時報館發行報紙時，為了增加銷量，也會隨報附送彈詞。這一時期，男作家創作了數量可觀的彈詞作品。

一、「小說界革命」的號召

　　清末民初彈詞創作的興盛，與「小說界革命」密不可分。晚清，甲午中日海戰的失敗，驚醒了國人，使仁人志士認識到開啓民智的重要性。受梁啓超等人小說界革命的影響，作為「舊小說」一員的彈詞，也被清末文人賦予喚醒民眾的使命。

　　近代有關小說理論的著作基本都會涉及彈詞，如王鍾麒《中國歷代小說史論》中說：「章回彈詞之體，行於明清。章回體以施耐庵之《水滸傳》為先

〔註6〕范煙橋，《中國小說史》，長安出版社1927年版，267頁。
〔註7〕說話人，《說話》十三，《珊瑚》1933年第3卷第1期，2頁。

聲，彈詞體以楊升庵之《廿一史彈詞》為最古。數百年來，厥體大盛，以《紅樓夢》、《天雨花》二書為代表。」〔註8〕彈詞在這些文人眼中的地位並不高，徐念慈就認為這些彈詞的內容「皆才子佳人，遊園贈物，卒至狀元宰相，拜將封侯，以遂其富貴壽考之目的，墮志喪品，莫此為甚！」〔註9〕

然而，他們又看到彈詞所具有的移風易俗的能力，特別是與婦女的關係密切，因此從啟迪民智、宣揚新知的角度考慮，彈詞被賦予警醒國人，特別是喚醒女界的重大使命。如，狄平子曾稱彈詞為「婦女教科書」，他在《小說叢話》中說：「今日通行婦女社會之小說書籍，如《天雨花》、《筆生花》、《再生緣》、《安邦志》、《定國志》等，作者未必無迎合社會風俗之意，以求取悅於人。然人之讀之者，目濡耳染，日累月積，醞釀組織而成今日婦女如此之思想者，皆此等書之力也，故實可謂之婦女教科書。」〔註10〕心庵氏在《俠女群英史‧序》中也說：「欲振興女權，亦仍以七字小說開導之，似覺淺近而易明，如《俠女群英史》一書，其關係非輕也。」〔註11〕晚清小說名家吳趼人也認同這一觀點。他在光緒三十一年（1905）刊行的第二卷第七號《小說叢話》中說：「彈詞曲本之類，粵人謂之『木魚書』。此等『木魚書』皆附會無稽之作，要其大旨無一非陳述忠孝節義者……婦人女子習看此等書，遂時受其教育。風俗亦因之以良也。惜乎此等『木魚書』限於方言，不能遠播耳！」〔註12〕

彈詞在當時有識之士的筆下，成為宣傳新思想、啟迪民眾的文學樣式，他們努力創作具有新思想、新內容的，旨在喚醒女界、移風易俗的新彈詞，彈詞的說教功能被發揮到極致。

二、報刊主編的倡導

報刊主編對彈詞創作的倡導作用也不容忽視。如《申報‧自由談》主編

〔註8〕王鍾麒，《中國歷代小說史論》，見周良，《蘇州評彈舊聞鈔（增補本）》，古吳軒出版社 2006 年版，246 頁。

〔註9〕徐念慈，《余之小說觀》，《小說林》第十期（1908），見陳平原，夏曉虹編《二十世紀中國小說理論資料（1897 年～1916 年）第一卷》，北京大學出版社 1989 年版，316 頁。

〔註10〕見阿英，《晚清文學叢鈔‧小說戲曲研究卷》，中華書局 1960 年版，316 頁。

〔註11〕（清）心庵氏，《俠女群英史‧序》，見譚正璧，《評彈通考》，中國曲藝出版社 1985 年版，262 頁。

〔註12〕見阿英，《晚清文學叢鈔‧小說戲曲研究卷》，中華書局 1960 年版，346 頁。

王鈍根，也認同晚清小說理論家的看法，於是他寫信請夙擅音律的天虛我生即陳蝶仙以這一舊的體例來創作具有新理想的作品。天虛我生在《自由花彈詞》序言中如是說：「會王君鈍根，方主自由談筆政，來函論近世說部體例，自以偵探及言情兩種爲最流行品。作者雖眾，惜無能譜彈詞者。吾子夙擅音律，盍取新理想，而用舊體例，以成一種閨閣中歡迎之小說歟？予因結想經旬，默體一般閨秀之心理，以及新社會種種不可思議之事實……演此一篇。」〔註13〕而且王鈍根作爲編輯，不僅邀請人寫彈詞、爲出版的彈詞寫序，自己也積極參與到彈詞寫作中去。他在《遊戲雜誌》〔註14〕中發表了《聶慧娘彈詞》。還有不少彈詞作者本身就是編輯，如《小說新報》的編輯許指嚴創作有《埃及慘狀彈詞》，包醒獨創作有《玉女恨彈詞》、《林婉娘彈詞》、《芙蓉淚彈詞》等多部彈詞作品。

　　《小說月報》的主編惲鐵樵也提倡新體彈詞。他在接編《小說月報》之後，即在多期扉頁上發表了「本社特別廣告」，這可以看作他的編輯方針。他強調刊物要「雅馴而不艱深，淺顯而不俚俗，可供公餘遣興之需，亦資課餘補助之用。」也就是說，刊物的內容與形式「惟雅潔是取」，重視審美，娛樂性與教育性兼顧。因爲他對小說教育功能的強調，所以被人稱作將《小說月報》當成「大說月報」來辦。

　　惲鐵樵主編時期的《小說月報》刊登有不少彈詞作品。這些作品得以刊登，一方面由於其內容契合主編的編輯方針，如當時剛涉文壇的程瞻廬曾以《孝女蔡蕙彈詞》投寄《小說月報》，惲鐵樵在接到來稿後覺得質量不錯。於是便回覆採用通知一封，信上說：「弟讀大著小說甚多，總不如此次彈詞足以令我心折。昔家南田先生見王石谷山水，歎云『吾不爲第二手』，自有尊著彈詞，雖有善者繼起，亦恐不免爲第二手矣。選材道學而不腐，修詞明爽而深隱，尤妙在曲折如志，應有盡有，信乎一時無兩，佩服佩服。」

　　當《孝女蔡蕙彈詞》在《小說月報》刊出不久，惲鐵樵又給程瞻廬寫去一信：「尊著彈詞，已印入《小說月報》中，復校一過，不勝佩服。覺前次奉贈四十元，實太菲薄。如此佳稿，無論若何金融恐慌，亦須略酬著者勞苦。

〔註13〕天虛我生，《自由花彈詞》，中華圖書館1917年版，序1～3頁。
〔註14〕《遊戲雜誌》，按月一期，定價四角，創刊於1913年，由中華圖書館發行。王鈍根、天虛我生主任編輯。內容分滑稽文、詩詞曲、譯林、談叢、劇談、魔術講義、戲學講議、說部、傳奇、樂府等。

茲待補上《蔡蕙》篇潤十四元,即希察收。前此憒憒,因省費之故,竟將大文抑價,實未允當,心殊悔之,公當能諒其區區,勿加以笑謬也。」〔註 15〕惲鐵樵與當時還不甚知名的年輕作者程瞻廬的這兩封信,體現出了他嚴謹的編輯態度。

另一方面也由於惲鐵樵對彈詞這一有韻之文的推崇。清末民初,白話文運動悄然興起,《小說月報》本身兼容並包,是一份文白相間的期刊。而主編惲鐵樵雖說過「弟久有添用白話之意苦於不能京話。」〔註 16〕也說過「小說之正格爲白話」。但是他認爲寫作白話的前提是「必能爲眞正之文言,然後可爲白話;必能讀得《莊子》、《史記》,然後可爲白話。若僅僅讀得《水滸》、《紅樓》,不能爲白話也。閱者疑吾言乎。夫有取乎白話者,爲其感人之普。無古書爲之基礎,則文法不具,文法不具,不知所謂提挈頓挫,烹鍊墊洩,不明語氣之揚抑抗墜,輕重疾徐,則其能感人者幾何矣!」〔註 17〕而且他認爲文言轉爲白話要循序漸進「今日驟強言文一致,必不可。蓋凡事蟬蛻,循自然之趨勢。藉日可以免強,則是《詩》、《書》可燔也。」〔註 18〕他還認爲彈詞有強於白話小說的一面,他說:「文字以淺顯能逮下爲貴,淺至彈詞,浸浸乎言文一致矣。言文一致,傳播文明之利器也。白話小說雖亦言文一致,而無韻之文,總不如有韻者之入人之深,故吾主張彈詞。古近體詩,境界太高,自不待言。舊有之彈詞,亦有韻之文,且所以感人者力量至偉。然《天雨花》、《鳳雙飛》之類,總不能使人滿意。姑勿論其滿紙窺牆待月之不可爲訓;即措辭較雅飭者,要不外狀元宰相之思想。我國人無平等觀念,其大原因即此種思想爲之厲階……故吾主張新體彈詞。新體彈詞者,利用言文一致與有韻之便利,排除婬蓺與自大之思想,以實行通俗教育者也。」〔註 19〕與白話小說相比,他更主張創作彈詞,因爲覺得有韻之文更容易感染人,只是舊有的彈詞思想境界不高,所以他在《小說月報》上大力提倡新體彈詞,將它看作是一種通俗教育的手段。在其主編的另一份刊物《小說海》中,也有不少彈

〔註 15〕 欒梅健,《扶持加勉後進的敦厚長者———惲鐵樵評傳》,范伯群主編,《交易所眞相的探秘者———江紅蕉》,南京出版社 1994 年版,199 頁。

〔註 16〕 惲鐵樵,《答某君書》,《小說月報》1916 年第 7 卷第 2 號,1 頁。

〔註 17〕 惲鐵樵,《歙縣吳曰法〈小說家言〉後記》,《小說月報》1915 年第 6 卷第 6 號,4 頁。

〔註 18〕 惲鐵樵,《復陳光輝君函》,《小說月報》1916 年第 7 卷第 1 號,2 頁。

〔註 19〕 惜華,《孟子齊人章演義》,《小說月報》1915 年第 6 卷第 9 號,2 頁。

詞作品發表。

　　范煙橋也有受主編邀請創作彈詞的經歷，據他的《駒光留影錄》中記載，他在二十一歲時「以小品文投上海《時報》副刊《餘興》，小說家包天笑主編，獎掖後進甚殷。時反對袁世凱稱帝，約余寫彈詞，成《家室飄搖記》十回諷之。」〔註20〕包天笑向范煙橋約稿後，范煙橋隨即用二十個晚上，寫成約三萬字的《家室飄搖記彈詞》，發表在《小說畫報》上。范煙橋搬家之後與蘇滬文人聯繫更加緊密，當時上海的報刊大量湧現，「嚴獨鶴主編《新聞報》副刊《快活林》及《紅》雜誌，周瘦鵑主編《申報》副刊《自由談》及《半月》雜誌，畢倚虹主編《時報》副刊《小時報》，江紅蕉主編《新申報》副刊《小申報》」〔註21〕等都先後向他約寫短篇小說及小品文。他還於 1922 年在《家庭》上發表過《玉交柯彈詞》。

　　清末民初的多數報刊都曾發表過彈詞，甚至開闢過彈詞專欄。如《小說叢報》，該刊有插畫、短篇小說、長篇小說、文苑、譯叢、諧林、筆記、彈詞、新劇等欄目，連載彈詞三種：青陵一蝶〔註22〕的《焚蘭恨彈詞》，姚琴孫的《荊釵記彈詞》，包醒獨的《玉女恨彈詞》。《女子世界》主要有圖畫、文選、譯著、譚叢、筆記、詩話、詩詞、曲選、說部、傳奇、彈詞、音樂、工藝、家庭、美術、衛生等欄目，連載有天虛我生的《瀟湘影彈詞》。《小說海》主要欄目有插畫、短篇小說、長篇小說、雜俎。其中雜俎的子欄目並不固定，有筆記、詩文、遊記、傳奇、彈詞等欄目，連載彈詞有絳珠、東園合撰的《瑤臺第一妃彈詞》、《瀟溪女史彈詞》、《五女緣彈詞》，東園的《揚州夢彈詞》，子餘的《都門彈詞》等。《婦女雜誌》連載有惜華的《相御妻彈詞》、《霜堅冰清錄彈詞》、《勢利鏡彈詞》，華璧女士的《雙俠殲仇記彈詞》，西神的《姑惡鑒彈詞》，程瞻廬的《同心梔彈詞》、《哀梨記彈詞》、《君子花彈詞》等。此外如《新聞報》副刊《快活林》、《杭州白話報》、《安徽俗話報》、《江蘇白話報》、《半星期報》、《繡像小說》、《月月小說》、《小說旬報》、《婦女雜誌》、《小說海》、《小說叢報》、《小說新報》、《小說月報》、《紅雜誌》等都發表過彈詞。清末民初

〔註20〕范煙橋，《駒光留影錄》，《江蘇文史資料》第 53 輯，江蘇文史資料編輯部 1991年版，41 頁。

〔註21〕范煙橋，《駒光留影錄》，《江蘇文史資料》第 53 輯，江蘇文史資料編輯部 1991年版，43 頁。

〔註22〕徐枕亞（1889～1937），江蘇常熟人，原名覺，別號泣珠生、東海三郎、青陵一蝶。

近百部彈詞作品，大多是先在報刊上發表，然後才結集成冊出版的。

三、創作者的積極響應

（一）社會責任感

清代文人早已發現雅俗共賞的彈詞有勸善懲惡的功能，如《繡像六美圖中外緣全傳》卷首序云：「古人之詩以寓意，今人之詞以言心，詩變詞，詞變曲，而曲忽變化爲彈詞，其義雖近於鄙俚，而其意則寓勸善懲惡，俾婦人豎子，有所聞見，易於通曉。」〔註 23〕有感於此，他們也進行彈詞創作，以期能夠警世覺民、移風易俗。

而甲午中日海戰的失敗，戊戌變法的遭遇使仁人志士認識到開啓民智的重要性。在這一時期，彈詞的說教功能被反覆強調並被運用於實際的創作。程瞻廬在《同心梔彈詞》文末也說：「方今改良社會宜通俗，要使那雅俗共知婦稚明。編劇本，唱戲文，本來社會最歡迎。只是登場袍笏要安排好，終不能倉卒之間告厥成。惟有彈詞稱利便，輕而易舉削繁文。只須三條絃索隨身帶，便可嫋嫋餘音供客聽。故而到處流行無阻礙，唱書的場子遍鄉村。環而聽者人如堵，說法現形激刺深。那一般社會是口口聲聲談伯虎，三三兩兩說方卿。彈詞魄力非常大，只少個易俗移風的柳敬亭。編書的有志救時權不屬，只靠著筆尖兒普勸世間人。」〔註 24〕

李東野著有《俠女花彈詞》，1914 年在《申報・自由談》連載，出版單行本時，方檇廔爲之作序，他在序中詳細解釋了彈詞的社會影響：

> 或有問於余曰，彈詞與小說有以異乎？余曰，彈詞之感動人心，移風易俗，尤勝於小說萬萬耳。何以言之，小說之體，或莊或諧，夾敘夾議，其尤佳者且可與龍門之筆法相頡頏，芸窗學子，繡閣嬌娃，庶能窺其命意之所在耳。若胸無點墨，恐讀不終卷，而昏然思睡矣。惟彈詞一種，敘事雜以歌謠，行文出以韻語，學士文人，有時流覽，村夫牧豎，亦解謳吟，即彼婦人女子，稍識之無，莫不家置一編，以爲繡餘消遣之具。每當花晨月夕，茶熟香溫，展卷吟哦，兒童環聽，即使羌無故實，而童稚何知，入諸耳，藏諸心，遂

〔註 23〕（清）蕭佐清，《繡像六美圖中外緣全傳・序》，見譚正璧，《評彈通考》，中國曲藝出版社 1985 年版，162 頁。

〔註 24〕程瞻廬，《同心梔彈詞》，商務印書館 1928 年版，66～67 頁。

終其身，印入腦筋，而牢不可破。故余嘗謂欲改良家庭教育，必先
燬去淫穢鄙俚之彈詞，多編孝義俠烈之唱本，以為長篇小說之
輔。……俠女花彈詞……言情而不涉於淫，言俠而不隣於暴，其中
尤以論自由結婚一節，含譏帶諷，語重心長，大足為心醉歐風瑜閑
蕩檢者作當頭棒喝。彈詞云乎哉？直家庭教育之善本也。〔註25〕

　　作者認為彈詞移風易俗的作用更大於小說，學士、村夫、婦人都是彈詞
文本的讀者，並指出，兒童也會在這一環境中被潛移默化，「入諸耳，藏諸心，
遂終其身，印入腦筋，而牢不可破。」於是，他們認識到彈詞不僅是婦女的
教科書，對孩子也有很大的影響作用，編寫合適彈詞的任務更加重大。

　　到了抗日救亡時期，更有文人倡導文化界的朋友多創作大眾化、通俗化
的作品，以期在群眾中起到宣傳作用，他們希望批判的運用包括彈詞在內的
舊形式：「關於大眾化，通俗化問題，文化界曾多次展開討論，一致認為在寫
作的實踐過程中，除盡量創造新形式外，應該批判地利用舊形式，如彈詞、
民歌、小調和章回體等等。……使救亡的火焰很廣泛地在大眾裏燃燒起來吧！
這是一件具有重大意義的事。」〔註26〕在此背景下，出現了不少宣傳意味明
顯的彈詞作品。

（二）興趣所致

　　許多彈詞創作者，都在家庭的潛移默化中，對彈詞有很深的感情，天虛
我生在《自由花彈詞・序》中寫道：「予在髫齡時，恒與閨中姊妹讀《再生緣》、
《天雨花》等彈詞，竊嘗嫌其平仄不調，而押韻處尤復屬雜土音，不可為訓。
曾發宏願，欲一一糾而正之。……握管構思，閱十日成《瀟湘影彈詞》十六
折，以獻吾母。……吾母乃大喜，語諸姊妹，謂足以當學詩之初步。由是，
予遂專意於小說之學。」〔註27〕范煙橋也有類以的生活經歷，范煙橋自小受
母親嚴雲珍的影響喜讀彈詞。他在《駒光留影錄》中寫道，清光緒三十年（1904）
十一歲：「母喜閱彈詞，每當閱其書於晨間枕畔，因病近視。」〔註28〕

　　他們對彈詞從小培養出來的欣賞，使得他們長大後，樂於與藝人交往，

〔註25〕李東野，《俠女花彈詞》，上海錦章圖書局 1915 年版，序 2 頁。
〔註26〕張子齋，《反戈集》，《張子齋文集》第 3 卷，雲南民族出版社 1990 年版，45
　　　　～46 頁。
〔註27〕天虛我生，《自由花彈詞》，中華圖書館 1917 年版，1～3 頁。
〔註28〕范煙橋，《駒光留影錄》，《江蘇文史資料》第 53 輯，江蘇文史資料編輯部 1991
　　　　年版，39 頁。

並轉入真實的創作。書癡在《書壇消夏錄》中寫道：「陸澹盦先生，不特創作彈詞，並世無兩，且聽書資格之老，亦首屈一指，蓋陸先生十餘齡時，即喜聽書，積四十年之經驗。自於某人某書、如何來歷，某人係某人之高徒，某人曾與某人拼檔，書壇掌故，述時歷歷如數家珍也。倘得陸先生操不律，記說書界之珍聞軼事，定卜不脛而走，惜乎陸先生困於舌耕，不能如吾人之想望耳。」〔註29〕

著名的評彈評論家、作家張健帆，筆名橫雲閣主，原是會計，他對彈詞非常喜愛，在 20 世紀 30 至 40 年代，於《申報》、《錫報》、《力報》、《立報》、《鐵報》、《大光明報》、《彈詞畫報》、《書壇報》等報刊上開闢「評話人物志」、「彈詞人物志」、「書壇掌故」、「南詞摘豔錄」等專欄，並撰寫大量報導和書評。並於 20 世紀 30 年代末，在《小說日報》上連載其長篇彈詞《香扇墜》，由徐雪月在電台播唱，並創作有大量彈詞開篇。〔註30〕

朱敬文在為郁霆武的《紅杏出牆記彈詞》所寫的序言中稱：「先生喜聽彈詞，而又喜撰開篇，酒酣時，必曰：『我要找題目了，做一闋開篇來當作下酒物了。』於是隨意想來，命其文郎玲菲君筆錄之。酒罷，而稿亦全脫，乃分贈各彈詞家。其在空氣中播送者，為數亦極可觀，並已有專集問世矣。此次撰著全部《紅杏出牆彈詞》，亦先生一時之奇興，是書內容極合現代潮流，寓褒貶於彈唱之中，用意至善，文筆淺顯，雅俗與共。」〔註31〕可見，不少作者本身就是彈詞的忠實愛好者。

（三）稿酬的激勵

范煙橋在論及民國時期小說創作繁盛的原因時這樣寫道：「除了晚清時代的前輩作者仍在創作外，更平添了不少後繼者，也可以說是新生力量。而舊時文人，即使過去不搞這一行，但科舉廢止了，他們的文學造詣可以在小說上得到發揮，特別是稿費制度的建立，刺激了他們的寫作欲望。」〔註32〕

的確，這一解釋同樣適用於彈詞創作。由於科舉制度的廢除，傳統文人急欲尋求新的出路。報刊業的繁榮，小說地位的提升，特別是稿酬制度的確

〔註29〕書癡，《書壇消夏錄》，《金剛鑽報》1936 年 7 月 19 日。

〔註30〕詳見吳宗錫主編，《評彈文化詞典》，漢語大詞典出版社 1996 年版，143～144 頁。

〔註31〕郁霆武，《紅杏出牆彈詞》，上海曼麗書局 1935 年版，序 2 頁。

〔註32〕范煙橋，《民國舊派小說史略》，見魏紹昌編，《鴛鴦蝴蝶派研究資料》上冊，上海文藝出版社 1984 年版，269 頁。

立使創作有了物質保障，於是一大批文人加入到這一創作活動中來。

　　如小說《秋海棠》風靡一時，彈詞女藝人范雪君託人請陸澹庵為其將《秋海棠》改編成彈詞，陸澹庵答應了下來，但有條件：「你要全部彈詞，須等許多時日，不如我寫一段你說一段，稿費不收，不過，有一個條件，你白天在仙樂唱，晚上要到我兄弟辦的一個大華書場來彈唱一場。」〔註 33〕鄭逸梅在回憶友人戚飯牛的趣事時寫道「記得我主編《消閒月刊》，承他老人家撰寄《紅繡鞋彈詞》，附來一信，有『稿費請交小女鐵心肝收』等語。」〔註 34〕可見，稿酬也是他們創作改編彈詞的考量之一。

第二節　晚清民國男作家彈詞的主要類型

一、宣揚維新或革命觀念的彈詞

　　晚清，清政府處於風雨飄搖之中，維新與革命人士都致力於開啟民智，在此背景之下，出現了一大批宣揚新知識、新思想的彈詞作品。民國建立以後，這一類彈詞依然有所延續，繼續承擔著移風易俗的責任。

（一）警醒國民

　　晚清小說名家李伯元的《庚子國變彈詞》原於《世界繁華報》1901 年 10 月至 1902 年 10 月連載，1902 年 10 月由世界繁華報館出版單行本。這部書主要描述庚子事件的始末，阿英在《彈詞小說論》中曾經說：「《庚子國變彈詞》，這不僅替一向把題材局限於男女私情的彈詞小說，開拓了一條富有社會性的新路，也是中國反帝文學在彈詞方面的最初一部書。」〔註 35〕

　　生處社會激變的時代，李伯元放棄了傳統學子應試做官的道路，選擇了做報人，寫小說的人生，而且還創作「大眾易於明白，婦孺一覽便知」〔註 36〕的彈詞，這本身也反映了那個時代在思想和文化上面正發生著改變。

　　作者在自序中這樣表明自己的創作緣由：「何況神州萬里，忽告陸沉，咸

〔註 33〕陳存仁，《抗戰時代生活史》，廣西師範大學出版社 2007 年版，267 頁。

〔註 34〕鄭逸梅，《文苑花絮》，中華書局 2005 年版，320 頁。

〔註 35〕阿英，《小說閒談・彈詞小說論》，柯靈主編，《阿英全集》第 7 卷，安徽教育出版社 2003 年版，36 頁。

〔註 36〕（清）李伯元，《庚子國變彈詞・例言》，董文成、李勤學主編，《中國近代珍稀本小說》第 3 冊，春風文藝出版社 1997 年版，316 頁。

陽三月，同歸灰燼？愁形慘狀，薈萃一編，有不傷志士之心，而王國民之氣者，無是理也。庚子之役，海內沸騰，萬乘之尊，倉皇出走。凡目之所見，耳之所聞。緘箚之所臚陳，詩歌之所備載，斑斑可考，歷歷如新。和議既成，群情頓異。驕侈淫逸之習，復中於人心，敷衍塞責之風，仍被於天下。幾幾乎時移世異，境過情遷矣！著者於是有《國變彈詞》之作。」〔註37〕作者是以無限悲涼之感來創作這部彈詞的，他在最後一回這樣總結：「彈指光陰未二年，倏經滄海變桑田。眼前無限興亡感，付與盲詞四十篇。」〔註38〕基於此種基調，《庚子國變彈詞》整部作品聲淚相隨，傾注了作者無限情感，使作品的教育性非常明顯。

《獅子吼》，覺佛著。〔註39〕文章以「妖風蠻雨逼人來，大好男兒盡狗才。世界於今成末日，披荊斬棘莫徘徊」這首詩引入正文。作者託名為從醉心功名到講求實學的混沌國老儒知非子，他這樣描述知非子的轉變「昔年也曾醉心之乎者也的爛調文章，日裏夜裏，常常想起富貴的好處。後來見甚麼俄羅斯、法蘭西、英吉利、德意志等國，個個都似出林之虎，張牙伸爪，撲將過來，將千年昏醉的睡獅亂咬，弄得個鮮血直淋，這睡獅仍舊鼻息如雷鳴一般，垂著頭，低著尾，躺著這亞東大陸，身子冰冷，氣息止存一線，死不死，活不活。俺看來甚是傷心，毛髮就豎起來了，眼淚就流出來了，前日的癡念，傾刻就拋向九霄雲去了。因大變從前性質，將昔年研究的爛調文章付之一炬，立志講求實學，留意時局。哈哈！俺昔日也是個冷血動物，到如今變成一個熱血人了。」作者在文中細數各朝興亡得失，揭露時弊，呼籲大家「若還是靠他人真真做夢，到後來少不得延厥奇殃，趁如今急翻身回頭是岸，離恐怖出地獄升上天堂，俺看來忍不住悲歌代哭，這些話煩大家細細思量。」〔註40〕他在書中大聲疾呼，宣傳救國思想，希望能夠警醒國人。

《猛回頭》，陳天華著。原載於 1906 年《鐵券》，收入阿英所編的《晚清

〔註37〕（清）李伯元，《庚子國變彈詞》，董文成、李勤學主編，《中國近代珍稀本小說》第 3 冊，春風文藝出版社 1997 年版，306 頁。

〔註38〕（清）李伯元，《庚子國變彈詞》，董文成、李勤學主編，《中國近代珍稀本小說》第 3 冊，春風文藝出版社 1997 年版，568 頁。

〔註39〕「覺佛」為高增（卓庵，1981～1943）的筆名，見高銛，谷文娟，《〈覺民〉月刊整理重排前記》，高旭，《〈覺民〉月刊整理重排本》，社會科學文獻出版社 1996 年版，2 頁。

〔註40〕覺佛，《獅子吼》，阿英，《晚清文學叢鈔‧說唱文學卷》，中華書局 1960 年版，94～95 頁。

文學從鈔・說唱文學卷》。正文一開始以：「大地沈淪幾百秋，烽煙滾滾血橫流。傷心細數當時事，同胞何人雪恥仇！」來警醒國人，同時也奠定了《猛回頭》的愛國主題。接下來作者以一個亡國民的口吻，控訴了帝國主義對中國的侵略，歷數鴉片戰爭以來，中國所經歷的一系列屈辱，面對卑躬屈膝的清政府、麻木未覺醒的群眾，他「把做官的念頭丟了，只想把我們的同種救出苦海。無如我們的同胞沈迷不醒，依然歌舞太平，大家自私自利，全無一點團結力，眞眞所謂『火燒到眉毛尖子上尙不知痛。』」

於是，他在作品中痛陳迫在眉睫的危險，提出了十點救國綱要「第一要，除黨見，同心同德。第二要，講公德，有條有綱。第三要，重武備，能戰能守。第四要，務實業，可富可強。第五要，興學堂，教育普及。第六要，立演說，思想徧揚。第七要，興女學，培植根本。第八要，禁纏足，敝俗矯匡。第九要，把洋煙，一點不吃。第十要，凡社會，概爲改良。」並指出：「這十要，無一件，不是切緊；勸同胞，再不可，互相觀望。還須要，把生死，十分看透；殺國仇，保同族，效命疆場。」緊接著「十要」之後，是四個「要學那」和四個「莫學那」，主張「要學那，法蘭西，改革弊政。要學那，德意志，報復兇狂。要學那，美利堅，離英自立。要學那，意大利，獨自稱王。」「莫學那，張弘範，引元滅宋。莫學那，洪承疇，狠心毒腸。莫學那，曾國藩，爲仇盡力。莫學那，葉志超，棄甲丟槍。」作者希望通過學習西方做到獨立自主，富國強民。最後作者再次提醒國人：「瓜分豆剖逼人來，同種沈淪劇可哀。太息神州今去矣，勸君猛省莫徘徊。」〔註41〕作品通俗淺顯，富於激情，成爲當時革命的號角。

曹亞伯在《武昌革命眞史》中寫道：「每於夜間或兵士出勤之時，由營中同志，秘置革命小冊子於各兵士之床，更介紹同志入營以求普及。各兵士每每讀《猛回頭》、《警世鐘》諸書，即奉爲至寶，秘藏不露，思想言論，漸漸改良。有時退伍，散至民間，則用爲歌本，遍行歌唱，其效力之大，不可言喻。」〔註42〕由此可見，陳天華的《猛回頭》是一部成功的宣傳之作。

（二）喚醒女界

晚清的翻譯界特別活躍，梁啓超曾這樣描述：「壬寅癸卯間，譯述之業特盛；

〔註41〕（清）陳天華，《猛回頭》，阿英，《晚清文學叢鈔・說唱文學卷》，中華書局1960年版，63～89頁。
〔註42〕曹亞伯，《武昌革命眞史》上冊，上海書店出版社1982年版，130頁。

定期出版之雜誌不下數十種，日本每一新書出，譯者動數家；新思想之輸入，如火如荼矣。然皆所謂『梁啟超式』的輸入，無組織，無選擇，本末不具，派別不明，惟以多為貴，而社會亦歡迎之；蓋如久處災區之民，草根木皮，凍雀腐鼠，罔不甘之，朵頤大嚼；其能消化與否不問，能無召病與否更不問也。」〔註43〕在這一背景之下，大批西方女英雄的事蹟被介紹進中國。羅蘭、貞德、批茶等著名的女革命家或女英雄，曾多次出現在這一時期的彈詞作品中。

《法國女英雄彈詞》，挽瀾詞人〔註44〕著，清光緒甲辰（1904）日本東京翔鸞社印，小說林社發行。收入阿英的《晚清文學叢鈔‧說唱文學卷》。彈詞共十回，約有一萬字左右，是一部小型的敘事體彈詞。

作者在第一回，「法蘭西奇女出征，美利加志士遠遊」中開宗明義的道出其創作此部彈詞的目的即是有感於女界沈沈氣不華，希望通過取法西方女子，來喚醒中國女界：

> 詩曰：「翠鬟紅袖可憐蟲，脂粉銷磨報國功。誰買七香絲十萬，大家爭繡女英雄。」又曰：「歐風墨雨渺無涯，女界沈沈氣不華。莫道江毫頭已禿，春來新放自由花。」新詩兩首苦吟成，手寫彈詞給眾聽。一自乾坤盤古闢，於今已有數千春。中間治亂興亡事，頭緒繁多說不清。歎則歎，四萬萬人都醉夢，無才無德百無成。有的是，烏煙墮落男人志；有的是，纏足伶仃害女身。只落得，大地竟無乾淨土，將來拱手讓他人。做書的，一心想把中原救，要向文明佐太平。不但丈夫當努力，便女人責任也非輕。你看外洋各國英雄輩，多半裙釵隊裏人。也有困苦艱難開大業，也有干戈戰陣去亡身，也有經營慘淡扶王室，也有藥餌親調在陣兵。想我同胞諸姊妹，不過是，燒香喫素念觀音。將人比己真慚愧，忿火中燒不自禁！因此上，做這彈詞成十卷，其中專寫女豪英。願吾繡閣金閨女，飯後茶餘看簡明。〔註45〕

〔註43〕梁啟超，《清代學術概論》，商務印書館1930年版，100頁。

〔註44〕挽瀾詞人，《法國女英雄彈詞》，阿英，《晚清文學叢鈔‧說唱文學卷》上冊，中華書局1960年版，202～222頁。據徐天嘯《俞天憤》云：「其所著單行本小說，最初為小說林出版之《法國女英雄彈詞》。」可知「挽瀾詞人」為俞天憤之筆名。見芮和師等編，《鴛鴦蝴蝶派文學資料》上冊，福建人民出版社1984年版，353頁。

〔註45〕挽瀾詞人，《法國女英雄彈詞》，阿英，《晚清文學叢鈔‧說唱文學卷》，中華書局1960年版，202～203頁。

　　他同時指出，「外國不是一國，也有英國，也有德國，也有意國，也有法國，也有美國，也有日本國，各國貞奇烈義的女人，絡繹不絕」，而其中「最有本事，最有名，人人曉得，各國稱讚的一個女人」〔註46〕則是羅蘭夫人，因此他創作的這部彈詞主要講述法國女英雄羅蘭夫人的事蹟。彈詞按照歷史的眞實面貌，從羅蘭夫人的出生一直寫到革命失敗，最後走上斷頭臺，突出了她的愛國主義精神。全書開場提及：「不但丈夫當努力，便女人責任也非輕。」〔註47〕作者在最後又這樣寫道：「茫茫中土事堪悲，知否蒼生力已疲。尺幅輿圖多間色，三階社會半酣嬉。傷時一掬輕揮淚，目我千人盡道癡。惟願紅窗小兒女，挑燈夜夜讀彈詞。」〔註48〕從中不難看出作者有感於數千年來女界暗沈的現實，想通過這一部彈詞喚起廣大中國女性同胞的愛國熱情，與廣大男子一起肩負起救國的責任。作者是「想用這一部彈詞，使『燒香吃素念觀音』的中國女性覺醒起來共赴『國難』的。」〔註49〕

　　雖然作者曾特意強調：「做書的舊套，一樁事體到手，總要添上幾句話頭，以爲好看個地步。在下做這彈詞，卻沒有一章虛設，處處照著外國史記上編成的，不過辭氣之間，略爲潤色罷了。」〔註50〕但作爲一部彈詞作品，《法國女英雄彈詞》也有一些虛構的情節，如作者爲了突出主人公光輝的愛國形象，便特意編造了山嶽黨人的賣國行徑。

　　阿英對這部作品的評價也非常高，他說這部作品：「利用通俗文學形式，向婦女讀者介紹這個偉大人物，以促進當時婦女運動。……寫作的目的，不僅要藉此以促進婦女解放運動，也是要中國婦女們覺醒，大家起來，同救在帝國主義壓迫瓜分情勢下的中國。……在當時，眞不愧是一部好書。」〔註51〕

〔註46〕挽瀾詞人，《法國女英雄彈詞》，阿英，《晚清文學叢鈔·說唱文學卷》，中華書局1960年版，203頁。

〔註47〕挽瀾詞人，《法國女英雄彈詞》，阿英，《晚清文學叢鈔·說唱文學卷》，中華書局1960年版，202頁。

〔註48〕挽瀾詞人，《法國女英雄彈詞》，阿英，《晚清文學叢鈔·說唱文學卷》，中華書局1960年版，222頁。

〔註49〕阿英，《晚清小說史》，柯靈主編，《阿英全集》第8卷，安徽教育出版社2003年版，111頁。

〔註50〕挽瀾詞人，《法國女英雄彈詞》，阿英，《晚清文學叢鈔·說唱文學卷》，中華書局1960年版，203頁。

〔註51〕阿英，《小說二談·小說新談》，柯靈主編，《阿英全集》第7卷，安徽教育出版社2003年版，372～373頁。

　　泣紅的《胭脂血彈詞》，講述了英法戰爭期間女英雄若安（貞德）的英勇事蹟，作者深知彈詞對婦女的影響，「婦人家最喜是詞章，每得新詞喜欲狂。手不停披燈月下，一彈再唱意安詳。所以《筆生花》膾炙佳人口，《再生緣》妙語動柔腸。何不把故事譜從絃管裏，南詞開曲寫滄桑。鼓動那向學心懷一旦張。」〔註52〕因此，作者希望用女子積極參與救國的新彈詞，取代傳統才子佳人式的舊彈詞，從而達到重興女教的目的。彈詞開場是由中國歷代賢女共同討論如何重興女教，她們一致決定譜寫宣揚女子救國的新彈詞：「（小旦白）方今支那，竟尚維新，本國舊聞，視爲敝履。何不將法國若安事蹟，傳命下界通人，譜作彈詞，藉興女學？」〔註53〕

　　此篇彈詞嚴格按照代言體彈詞的規程。人物對白採用代言體，大體以戲曲中生、旦、淨、末、丑行當來規範角色，人物上場基本都有〔引〕、〔白〕、〔唱〕三段，由人物自報家門。如，第一回「興教」：

　　　　（老旦引）〔西江月〕道德尼山宗教，清貞泗水家風。撫孤守志勵微躬，血淚啼殘春夢。夫勇枉稱如虎，子賢且喜猶龍。大成殿裏語從容，權掌千秋文統。（詩）拜禱尼山啓永昌，赤虹爭射斗牛光，願將一滴楊枝水，點化支那眾女郎。

　　　　（白）老身顏氏徵在。楊梯呈兆，忝爲鄹邑夫人，萱座忘憂，喜作宗邦聖母。馨香堂廟，俎豆春秋，這也不在話下。近以老大帝國，女教衰微，一十八行省，難尋巾幗鬚眉，二百兆釵裙，無異優俳歌舞。紅顏何辜，墮入瞶聾，碧玉猶人，偏遭廢棄。偶爲設想，能不傷心？想女子呵！（唱）天資柔婉姓溫良，蘭質誇傳十步芳，繡口錦心鍾宿慧，自古道山川秀氣出紅妝，所以頌椒銘菊詩辭富，詠雪知琴才調長，釵鳳鏡鸞微妙句，香蘭醉革寫瓊章，縈迴文蘇蕙柔情切，續漢史曹姑學同強，進士從來稱不櫛，紅閨拜挹女兒香，慨今日，世衰教廢人澆薄，失卻那，男女平權壞大綱，恨只恨，鄉曲迂儒無識見，說怎麼，無才是德太荒唐，忍教千萬裙釵女，夢夢終朝在醉鄉，想老身呵，百世女宗司教化，

〔註52〕 泣紅，《胭脂血彈詞》，阿英，《晚清文學叢鈔・說唱文學卷》，中華書局1960
　　　　年版，224頁。
〔註53〕 泣紅，《胭脂血彈詞》，阿英，《晚清文學叢鈔・說唱文學卷》，中華書局1960
　　　　年版，224頁。

正當大興女教整綱常，安得絃歌聲振蘭閨內，俾二百兆女子呵，重
見青天白日光。〔註54〕

　　鍾心青於宣統二年（1910）發表的《二十世紀女界文明燈彈詞》，是晚清
又一部提倡女權的彈詞。現有八回，「立教」，「天足」，「遊藝」，「迷信」，「童
養」，「破獄」，「茶會」，「拒約」，似未完。作者在每回中探討一個問題，雖有
情節，但各回人物和故事並不延續，作品也以代言體寫成，宣統三年（1911）
明明學社出版，石印本，現收入《晚清文學從鈔·說唱文學卷》。

　　平權閣主人在此書的《弁言》中說：「方今社會，無論何等人，均競尚彈
詞小說，以滬上論，不下數百處，而彈詞尤為婦女所信用……然其書不過《三
笑姻緣》、《落金扇》等淫奔苟合之事……此社會所以墮落也……故改良彈詞，
不啻編一女學教科書。」他認為此書「筆力雄健，以為女界黑闇之導，統天
下女子而一爐冶之，其益較女學教科書尤大。」〔註55〕

　　作者在作品開頭延用了中國彈詞文本中常用的「神仙下凡」模式，只是
用「美洲自由國批茶女士精魂」，取代了以往的各路神仙，作者介紹批茶〔註
56〕時，對其用筆驚醒國民的做法大為稱讚：

　　　　自由平等是虛談，貴族強權太不堪。驅使黑奴如犬馬，毫無
憐惜在心端。是俺一時不慣投身入，絕大盤渦轉一盤。班管常開花
五色，彩毫放出一聲雷。因此上，驚醒國民齊猛省，造成那，花旗
大戰北與南。到今日，美洲全世界都查遍，不自由的人兒那裏來。

〔註57〕

　　然而當批茶「西望太平洋隔岸，不過一水之遙，卻是冷雨腥風苦萬般。（白）
不用說男子們種種惡習，只是那女子們的無手無足，無耳無目，無口無鼻，
無腦無血的情形，真是令人下淚！」〔註 58〕於是她要「推倒東西世界，劃開
南北花旗。一枝禿筆寫新詞，組出放奴歷史。好把文明美果，種來震旦新枝。

〔註54〕泣紅，《胭脂血彈詞》，阿英，《晚清文學叢鈔·說唱文學卷》，中華書局 1960
　　　　年版，223 頁。

〔註55〕鍾心青，《二十世紀女界文明燈彈詞》，阿英，《晚清文學叢鈔·說唱文學卷》，
　　　　中華書局 1960 年版，173～174 頁。

〔註56〕即美國女作家斯托夫人（1811～1896），晚清按其父姓翻譯為批茶女士。

〔註57〕鍾心青，《二十世紀女界文明燈彈詞》，阿英，《晚清文學叢鈔·說唱文學卷》，
　　　　中華書局 1960 年版，174～201 頁。

〔註58〕鍾心青，《二十世紀女界文明燈彈詞》，阿英，《晚清文學叢鈔·說唱文學卷》，
　　　　中華書局 1960 年版，175 頁。

精靈不泯苦支持，只爲同胞女子。」〔註59〕爲喚醒中國女界，批茶來到中國，與孔子之母顏氏等一起尋找良方，她們商議決定派遣修文使者顏回，「前往感動那記者文心，持撰《女界文明燈彈詞》，專爲改良女子社會起見」，通過作品，向中國女界宣傳西方文明，創辦女校，倡導男女平等、社交自由，反對迷信、童養媳等。

作者在書中借尼山聖母之口道出了此部作品與以往那些才子佳人之作的不同：「那有此，七字築成平等界，一聲喚醒綺羅香，平添百兆完人格，不數三千粉黛行，正是造就國民無量業。」〔註60〕正如阿英所說：「作者寫此書，是『專爲改良女子社會起見。憑著法鼓海螺，發人猛省，或者可挽回大局，扭轉乾坤』」。〔註61〕

（三）普及新知，破除舊習

在愛國志士筆下，彈詞成爲宣傳新思想，普及新知識的文學樣式。如《照相發明彈詞》，義水著，發表於 1916 年的《小說月報》第七卷第三號上。作者將法國答解兒發明照相的原委細述一番。並得出「事業發明不獨此，天然材料甚豐盈，祇要人肯用心做，將來看，還有學術大發明，願我國民齊努力，莫將事業盡讓人，須知世間無難事，有心人，精神一到自然成」〔註62〕的結論。這些作品的教育性非常明顯，擺脫了彈詞才子佳人的傳統題材內容，注入了新的思想，只是，這一類彈詞由於過分注重思想意識的批判、宣傳，在藝術性上有待提高。這類彈詞大都屬於短篇。

此外，隨著科學的輸入，破除舊習，反對迷信，也成爲晚清維新運動的一個主要內容，文學領域也積極響應，如李伯元主編的《繡像小說》就刊載了大量這類作品，他自己也創作了《醒世緣彈詞》，於 1903 年至 1906 年陸續連載於《繡像小說》。此書因雜誌停刊而中斷，未完，現可見十四回：第一回「辟邪教僧道無緣，建道場骨肉構怨」；第二回「求籤問卜醫術無靈，起死還生巫言是信」；第三回「惑巫言姨娘撒潑，析家產賢兒讓財」；第四回「提精

〔註59〕鍾心青，《二十世紀女界文明燈彈詞》，阿英，《晚清文學叢鈔·說唱文學卷》，中華書局 1960 年版，174 頁。

〔註60〕鍾心青，《二十世紀女界文明燈彈詞》，阿英，《晚清文學叢鈔·說唱文學卷》，中華書局 1960 年版，178 頁。

〔註61〕阿英，《晚清小說史》，柯靈主編，《阿英全集》第 8 卷，安徽教育出版社 2003 年版，111 頁。

〔註62〕義水，《照相發明彈詞》，《小說月報》1916 年第 7 卷第 3 號，5 頁。

神初上烏煙，習下流大開賭局」；第五回「寫欠紙賭徒掃興，偷地契慧婢訫心」；
第六回「踰閑蕩檢不肖行為，問舍求田殖民事業」；第七回「勸纏足試述俚歌，
借出會得逢彼美」；第八回「愛小腳感情驚惡夢，結高親愚俗改年庚」；第九
回「賺游園公子暱妖姬，乘打醮家奴通劇賊」；第十回「入暗室公子陶情，翻
經檯佛婆打架」；第十一回「卜紫姑眾姊妹迎神，爭花冠兩親家鬥口」；第十
二回「吵洞房新娘潑醋，對孤燈怨女傷春」；第十三回「治疫病仙姑受責，造
謠言鄉眾驚狂」；第十四回「動義憤鄰居移屍，生疑心全家鬧鬼」。署「謳歌
變俗人」著，也沒有單行本問世。第一回發表時名字為《俗耳針砭彈詞》，第
二回起改名為《醒世緣彈詞》。作者創作這部彈詞用以針砭時俗，使人認識到
迷信、纏足、鴉片等陋習的危害性，從而宣揚新的觀念。

　　作品第一回云：「這其間，上下不知幾萬載，一直是，相沿舊俗到如今，
無怪乎，外人非笑常加我，說我是，老大無能不改更，這聲名，真可恥，堂
堂帝國太無人，他說他，人人都有新思想，所以能，日進文明享太平，他笑
我，頑固惟將成法守，徒然溫故不知新，況兼那，烏烟已阻英雄志，纏足還
戕女子身，四萬萬民成半數，算來女子枉為人，因此上，我心難免旁觀憤，
要與中原洗此名。相約同胞齊努力，從今個個打精神。常言道，去瘀方有生
新望，大事都從小事成。第一是，莫把女兒看得賤，相夫教子任匪輕，傷天
害理惟纏足，勸諭煌煌奉玉音，更有幾般當改革，燒香拜佛散黃金，堪輿巫
卜都無準，星相從來不當真，略舉數端餘倣此，妖言大半騙閨門，只須不與
他相近，便把那，舊染之污一洗清。」又云：「但是一件，這些事情，也不是
什麼容易革除的。我祇有因勢利導，將他們慢慢的開導一番，以期他們漸漸
悔悟。又怕那些陳言腐語，他們聽了心下膩煩，所以把我生平記得的事情，
與這風俗上有關係的，隨意寫出幾件，編為七言俚詞，合了他們的胃口。或
者茶餘飯後，蘭閨無事之時，大人孩子、姊姊妹妹、圍居一處，手裏拏著我
這一本小說，一個唱，幾個聽，到得後來，總有幾個明白的。」〔註63〕所以
作者選擇用彈詞這一形式進行創作。

　　報界隱者於 1908 年發表於《半星期報》的《賭累》也揭露了當時的種種
舊習：「洋煙之害雖為大，因怎的禁煙朝論早安排，官商官會來商議，看來政
界也不是立心歪。議定了禁人私食和私賣，縱是引深難戒也要領煙牌。……

〔註63〕謳歌變俗人，《醒世緣彈詞》，阿英，《晚清文學叢鈔·說唱文學卷》，中華書
　　　　局 1960 年版，97 頁，

諸君，當道既知到洋煙爲害，難道獨不知嫖賭爲害麼。食煙要禁，禁得是了，怎麼不禁嫖不禁賭，不獨不禁，況要招商承辦呢。你看，賭捐的皇然寫著承辦海防經費，嫖捐的皇然寫著保良公所。奇特奇特……」〔註64〕

風道人於1925年發表於《野語雜誌》的《醒迷魂彈詞》也致力於反對迷信：「人生世上，心中自有主張，不羨神仙不羨佛，那有地獄與天堂。且莫慌，且莫慌。你看看古今來那一個求仙的不死，那一個求佛的不亡，敬鬼敬神眞荒唐。列位不相信，聽道人細說其詳。說者謂這段彈詞，也不是強辭奪理，也不是自覺才高，祇因俺腳兒好勤，成年傢東西南北，見的世界人，多是信鬼好神，自入迷途，且是焚香設祭，枉廢錢財，倒不如省出這筆款來，辦些公益，成些善舉，於社會何等不好。所以不惜舌弊唇焦，將古今來迷信的源流，與迷信的歷史，一一道來。」〔註65〕

有識之士認識到彈詞的直觀性、通俗性，能爲開啓民智提供快捷的感動人心的力量，有利於知識宣傳，但同時也認爲它以往的內容太過陳舊，於是致力於創作一系列新內容、新思想的彈詞，甚至鼓勵女子參與政治、投身革命，爲國奮鬥。這一時期的彈詞作品如陳天華的《猛回頭》，覺佛的《獅子吼》等，在文學史中均有一席之地。

二、教化、休閒娛樂類彈詞

彈詞文學發展到晚清民國時期，開始突破傳統題材的規範。一方面在愛國志士筆下，彈詞成爲宣傳新思想，普及新知識的文學樣式。另一方面，許多小說名家也參與了彈詞創作，他們將當時小說創作中的流行元素引入彈詞，對彈詞舊有的風格產生了一定影響。

（一）孝義俠烈類彈詞

這些彈詞中也有一些時時提到「改良社會」、以「婦女教科書」自居，但與之前喚醒女界的彈詞明顯不同。這些作者覺得當時的女性傚仿西歐，卻「誤解文明與自由，觀念不離新世界，家風拚棄舊神州，」〔註66〕導致「社會道德之墮落，禮教之廢弛，大有江河日下之概！」〔註67〕於是，他們期望通過

〔註64〕報界隱者，《賭累》，《半星期報》1908年第7期，15頁。

〔註65〕風道人，《醒迷魂彈詞》，《野語雜誌》1925年第5期，53頁。

〔註66〕程瞻廬，《孝女蔡蕙彈詞》，商務印書館1919年版，60頁。

〔註67〕許瘦蝶，《尚湖春彈詞·自序》，見譚正璧，《評彈通考》，中國曲藝出版社1985年版，253頁。

創作來維護舊的道德傳統。

許瘦蝶著有《尚湖春彈詞》，十六回，二言目，1918 年自序，曾在《快活林》發表。故事描寫了清代蘇州一位遭遇太平軍之亂的貞烈女子吳綺玉的事蹟。唐左儂稱讚此書可以「勵薄俗而挽頹風」，〔註68〕作者在自序中詳細描述了創作緣由：

> 《尚湖春》何爲而作也，曰將以砭俗也。曩讀吾邑徐菊生先生《寶笏樓詩集》，中有《青門曲》一篇，迴環曲折，狀事如繪，因取其本事爲彈詞。夫倚玉以伶俜弱質，備嘗艱苦，保璞完貞。迨遇拯歸來，復似附體微嫌，誓不他適。卒如季年之歸鍾建，志節識見，趨越尋常。而惺卿客途聞耗，俠氣凌雲，競出全力以援此素不相識之人，其高義爲何如！洎乎悼亡既賦，篤念舊人，嚴拒燕婉之求，甘守鰥魚之夢。繼因相要之亟，始不獲巳而諧伉儷。品格如斯，亦豈世俗所可幾及哉！磋乎！「紅羊」時代去今裁數十寒暑耳。而社會道德之墮落，禮教之廢馳，大有江河日下之概！欲求如惺卿、綺玉其人者，蓋巳渺不可得！故傳其事以勵末俗，夫豈無所爲而爲之者哉！
>
> 民國七年雙十節瘦蝶自誌。〔註69〕

金燕也認爲《尚湖春彈詞》有裨於世道人心，他說：「先民有言曰：夫婦順而後家道成，家道成而後天下治，乃晚近以還，風會愈漓；離異之端，昌言無忌。此民生之所以日敝，世亂之所以無巳時歟！若夫豪強之族如華虎臣輩縱所爲不若是其甚，然往往挾其方恨之勢，侵漁公益，排斥異己者，亦正大有人在也。許子乃喊焉傷之，假事書懷，一唱三歎，其有裨於世道人心者，實非淺鮮。」〔註70〕許瘦蝶的《蝶衣金粉》中還有不少彈詞開篇的創作。

惜華在《婦女雜誌》第一卷第十一號開始連載《霜整冰清錄彈詞》。他將小說、筆記中的貞節烈女事蹟改編成彈詞。如，《周琳簫》事見《竹隱庵筆記》，發表於《婦女雜誌》第三卷第三號、第四號。彈詞講述周琳簫被父親許配給

〔註68〕唐左儂，《尚湖春彈詞‧序》，見譚正璧，《評彈通考》，中國曲藝出版社 1985
　　　年版，254 頁。
〔註69〕許瘦蝶，《尚湖春彈詞‧自序》，見譚正璧，《評彈通考》，中國曲藝出版社 1985
　　　年版，253 頁。
〔註70〕金燕，《尚湖春彈詞‧序》，見譚正璧，《評彈通考》，中國曲藝出版社 1985 年
　　　版，255 頁。

錫九，後來周父嫌貧愛富，想將女兒另配他人，周琳簫寧死不從，投河自盡被人所救，最後與錫九團聚的故事。作者對此評價道：「堪歎琳簫冰雪志，竟能化轉石頭頑。屢經危難身常在，大節終然克保全。真足比方金與石，始終不變立心堅」〔註71〕

　　《雙烈女》事見《竹隱庵筆記》，發表於《婦女雜誌》第三卷第五號、第六號。講述了劉蘭芬和陸婉貞兩位美貌貞烈女子的事蹟。劉蘭芬因為父親懷疑她與表兄私通書信，遭到父親斥責後含恨懸梁自盡，靈幃設在觀音院，寄居庵內的婉貞，因為敬佩蘭芬的剛烈，每日都向靈前奠酒，不料被一位王姓婦人窺見，驚其美貌，搶回家中，想利用她與丈夫重修舊好。結果，王姓婦人被丈夫失手踢死，宛貞刺死他後，自刎而亡。作者評論道：「兩人事蹟雖全異，貞烈心腸總一般。性命為輕名節重，倘教易地則皆然。」〔註72〕

　　《尤庚娘》事見《聊齋誌異》，發表於《婦女雜誌》第二卷第七號。彈詞講述金大用與妻子尤庚娘搭乘王十八的船，王十八謀霸尤庚娘，推金大用入水，逼庚娘成婚。後來庚娘將王十八殺死，自己投水獲救，金大用落水也遇救。經過一番波折後，金大用與尤庚娘團聚的故事。作者對尤庚娘的評價是「歎人生無端大變當前生，完節猶然不易能，況復從容誅賊子，閨娃智勝丈夫身。天公卻又多情甚，教他們夫婦俱皆死復生，奇事奇情千古罕。」〔註73〕

　　《費宮人》事見《北墅緒言》，發表於《婦女雜誌》第三卷第一號。作者說「曾聞古聖訓相傳，女子小人難養焉。然讀有明亡國史，一班宮妾與中官，殉身社稷懷忠義，足使降臣愧汗顏。」〔註74〕彈詞講述一位侍奉公主的費姓宮人，在明亡時與公主易服，假冒公主，幫助真公主逃脫，自己則落入敵軍之手，在與敵將成婚之日，手刃敵將。李自成聽說此事後，下令禮葬。作者最後說：「堪歎費娥宮婢耳，卻能殺賊報君恩。倘教李闖將他納，定亦身登枉死城。賊首既誅餘黨散，何勞三桂請清兵。惜他未遂非常志，僅把牛刀宰一豚。巾幗英雄真不愧，買絲繡像卻該應。」〔註75〕

　　《陸胡氏》事載《海門廳圖志》，發表於《婦女雜誌》第三卷第七號。作者一開始便說「婦人貞節最堪稱，再醮原非禮所應。況有遺孤猶在抱，更宜

〔註71〕惜華，《周琳簫》，《婦女雜誌》1917年第3卷第4號，20頁。
〔註72〕惜華，《雙烈女》，《婦女雜誌》1917年第3卷第6號，21頁。
〔註73〕惜華，《尤庚娘》，《婦女雜誌》1916年第2卷第7號，32頁。
〔註74〕惜華，《費宮人》，《婦女雜誌》1917年第3卷第1號，25頁。
〔註75〕惜華，《費宮人》，《婦女雜誌》1917年第3卷第1號，28頁。

撫養使成人。一家有婦能完節，宗族之中盡享榮。」〔註76〕彈詞講述陸胡氏丈夫亡故後，獨自撫養孩子，但族叔覬覦她家錢財，逼其改嫁，陸胡氏懸梁自盡的事蹟。

此外還有《周氏》事見《虞初續志》，發表於《婦女雜誌》第一卷第十一號。《女李三》事見《虞初續志》，發表於《婦女雜誌》第二卷第三號。《鄭氏》事見《虞初續志》，發表於《婦女雜誌》第二卷第四號。《黃沈氏》事載《海門廳圖志》，發表於《婦女雜誌》第二卷第五號。《海氏》事見《虞初續志》，發表於《婦女雜誌》第二卷第六號。《王璿姑》事見《竹隱庵筆記》，發表於《婦女雜誌》第二卷第十一號。《空谷幽芳》事見《天津府志》，發表於《婦女雜誌》第三卷第十號等等。

惜華還著有《相御妻彈詞》事見《史記‧管晏列傳》，發表於《婦女雜誌》第一卷第十號。作品將史記中晏子的車夫受妻子激勵後，從洋洋自得滿足於現狀到謙虛恭謹，最後被晏子推薦為大夫的故事改編成彈詞，然後得出結論：「試想御人何以貴，卻原來閨中一語激成焉。漫言婦女無高識，請讀龍門管晏篇。」〔註77〕作者將眾多貞烈女子的事蹟改編成彈詞並發表於《婦女雜誌》可謂用心良苦。

程瞻廬的彈詞創作頗豐，有《明月珠彈詞》、《同心栀彈詞》、《孝女蔡蕙彈詞》、《哀梨記彈詞》、《君子花彈詞》等等。《明月珠彈詞》於 1918 年在《小說月報》上連載，後於 1920 年由上海商務印書館出版。八回，二言目，第一回「捍鄉」，第二回「擒左」，第三回「殺虎」，第四回「購婢」，第五回「泊舟」，第六回「鋤盜」，第七回「遇夫」，第八回「避世」。講述了清末奇女子杜憲英的故事。

故事從杜憲英回憶父親開始：「(唱) 想當年，先君懷抱棟梁才，踏遍槐東八九回。不道文章憎命達。秋風甔甀賦歸來。明珠擲暗人偏怒。鐵硯磨穿遇竟乖，世少鍾期拋蜀軫，時無伯樂老龍媒。劍斫地。歌莫哀。三寸毛錐安用哉，投筆恥為縫掖士。請纓願出玉門關。棄文就武亦應該。(白) 父親文戰失敗後，便幡然變志。……有棄文就武投筆請纓之概……屋後有一片廣場約莫數十畝光景。父親鎮日價不是盤馬彎弓，便是打拳擊劍。」〔註78〕杜憲英

〔註76〕惜華，《陸胡氏》，《婦女雜誌》1917 年第 3 卷第 7 號，13 頁。

〔註77〕惜華，《相御妻彈詞》，《婦女雜誌》1915 年第 1 卷第 10 號，219 頁。

〔註78〕程瞻廬，《明月珠彈詞》，商務印書館 1920 年版，2 頁。

的父親科場失利，便醉心於武術，她當時十三四歲的樣子，看著眼熱，要父親教幾套玩耍玩耍。父親正色道：「女兒你把技擊當做頑耍看待，這是絕大的錯誤，現在奸佞滿朝，貪官徧地，民窮財盡，鬼哭神號。據爲父的看來恐怕不出十年。國內要發生大亂。常言道，亂世人民賤於雞犬，到了這個當兒，所有文縐縐的書生，嬌滴滴的女子，不啻羊入虎群，任其吞噬……爲父的習練技擊乃是正當的防衛，不是什麼頑耍的法兒，女兒怎麼小覷著這樁正事呢。」〔註79〕從此，杜憲英在父親的教誨下認眞學習技擊，「賽木蘭」的名聲不脛而走。十六歲時，父親染病身亡，臨終時記掛著憲英的婚事：「女兒啊，百年事重休輕覷，要選個如意郎君中雀屛。爾母年衰難作主。全仗你自家抉擇自思尋。果然嫁得乘龍壻。老父歡然赴九京，莫效人間兒女態，偶談親事便暈潮生。你是個胸懷磊落奇女子。定能夠不負椿庭一片心。」〔註80〕杜憲英不負父親所望與會武的周韜文成婚。之後因爲太平天國起義，加之河決年荒，盜賊四起，於是他們在鄉里成立守望團，力抗外敵。「（白）自從守望團成立以後，那周家村中的居民，人人壯膽，個個伸眉，比著從前心慌膽怯的模樣，畏首畏尾的景象早已大不相同了，可見吾國的百姓不是天生懦弱的，只要有人提倡武技，那柔脆的筋骨不怕他不強靱起來。」〔註81〕周生不幸於追盜之時被擒，憲英設計毒殺了盜首左山虎，但周生三年不歸，憲英葬母後，千里尋夫，兩人功成後歸隱嵩山，讀書務農終老。《明月珠彈詞》所頌揚的女性杜憲英，在剛烈之外更多了一份英氣，作者認爲生逢亂世的女子應該有勇武堅毅的精神。

作者在書末云：「編書的濡毫描寫女英雄，俚語村詞愧不工。說去說來無著落，裝頭裝尾欠清通，都只爲滔滔日下江湖勢，一派爭權奪利風，名就功成身退隱，莽乾坤究有幾人逢，聊把那韜文夫婦垂模範，釋甲歸田不計功。激濁揚清憑紙筆，空中樓閣未全空。這事蹟裁在《金壺逸墨》中。」〔註82〕按《金壺逸墨》爲清黃鈞宰所作《金壺七墨》之一，此事題名《奇女子》乃清末實事。劉清韻曾據此作《英雄配》雜劇。〔註83〕

《同心梔彈詞》，程瞻廬著，1918 年在《婦女雜誌》中連載，1919 年商

〔註79〕程瞻廬，《明月珠彈詞》，商務印書館 1920 年版，3 頁。
〔註80〕程瞻廬，《明月珠彈詞》，商務印書館 1920 年版，5 頁。
〔註81〕程瞻廬，《明月珠彈詞》，商務印書館 1920 年版，9 頁。
〔註82〕程瞻廬，《明月珠彈詞》，商務印書館 1920 年版，86 頁。
〔註83〕詳見譚正璧、譚尋，《彈詞敘錄》，上海古籍出版社 1981 年版，210 頁。

務印書館出版，六回，二言目，第一回「贈梔」，第二回「遊園」，第三回「哭夫」，第四回「賺畫」，第五回「獻雪」，第六回「完貞」。講康熙年間的吳絳雪守身殉節的故事。吳絳雪嫁給浙江永康的徐明英，彈詞從絳雪回憶與閨中好友吳素聞的姐妹之情開始。她們嫁人後還時常聯繫，只是已經五年未曾會面，絳雪上月收到吳素聞的書信，勾起了愁懷，想起十年前兩人圍爐詠雪的情景，回信時贈以玉鐲二雙、香囊三個、古鏡一面、鏡箔一幅，上有《同心梔子圖》。三春時節，絳雪隨夫伴父母遊擷芳園時，徐明英談及平西王吳三桂、平南王尚可喜、靖南王耿精忠三藩欲起兵反清，而耿精忠在福建，與浙江相近，他對此感到非常憂慮。徐明英本來就體弱多病，由於用功過甚，竟然一病不起。丈夫死後，絳雪以賣畫奉養二老。誰知上次遊園時，絳雪的美貌被耿精忠暗探發現，此人專為耿精忠察訪美女。後來耿精忠起兵，命先鋒徐尚朝攻打永康，聲稱只要獻出吳絳雪，全城即可免禍。絳雪自願為眾出城，投崖自盡。

作者在《同心梔彈詞‧弁言》中寫道：「吳絳雪為前清康熙時之奇女子，惜表章無人，事蹟稍晦，故名氏不見於《永康志》。自經許辛楣為撰小傳，黃韻珊為製傳奇，應菜園為作《同心梔子圖讀法》，絳雪之名，乃稍稍為社會所稱道。而曲園老人之《吳絳雪年譜》，其表章之力為尤偉。是編之作，不敢步武前賢。不過借巴人下里之詞，廣其傳於普通社會而已！其中事實，固多以意為之，但止助波瀾，不乖本末，閱者鑒之！《同心梔子圖》，為絳雪精心結撰之作，取冠篇首，以廣其傳。」〔註84〕

《孝女蔡蕙彈詞》，程瞻廬著，1917年在《小說月報》中連載，1919年上海商務印書館出版，六回，二言目，代言體彈詞。第一回「毀容」，第二回「卻媒」，第三回「寫疏」，第四回「破計」，第五回「上書」，第六回「祭告」。

《道光泰州志》中有關於蔡蕙的記載：「蔡氏名蕙，貢生蔡孕奇女，住枡茶場……。父以仇陷下獄，罪當大辟。……康熙二十八年，仁廟南巡，幸維揚。蔡聞，屬舅氏買舟偕行。至郡，駕已渡江。時琦在郡獄，蕙遣報其父，大驚，亟止之。蕙誓死不肯已。有僕阮南石麟，見之泣下，願冒死隨行。往返入獄者三次，琦方為蕙草疏。迎至無錫，是日微雨，駕已從九龍山回。蕙道旁捧疏伏而號。御舟已過，傳旨問何事。蕙急躍入一小舟，舟子恐懼，遙見黃衣侍衛立船頭招手，乃敢前。上在御舟開窗俯視，命受其疏。坐覽一二

〔註84〕程瞻廬，《同心梔彈詞》，商務印書館1928年版，1頁。

行。上起，更衣復坐，取疏覽畢。問此本孰爲汝作？蕙奏係臣父。又問，跪汝旁者何人？奏係臣家生子。上乃顧親王大臣語。蕙舟尾以行。頃之，傳旨令蔡蕙回，下所司平反，父出獄……」〔註85〕

《孝女蔡蕙彈詞》描寫的便是此事。彈詞中的蔡蕙以帶病之軀爲父親四處奔走，等父親出獄時，已經病入膏肓，年僅二十八歲便去世了。

作者在文末表達了寫作此篇彈詞的目的：「(唱) 目今是一般巾幗效西歐，誤解文明與自由。觀念不離新世界，家風拚棄舊神州。太玄覆醬同糟粕，論語燒薪等贅旒。不過是西學皮毛初涉獵，卻便要眼高於頂氣橫秋。長幼尊卑平等視。阿儂生性傲王侯。女豪傑，到處遊，而今誰敢不低頭，自稱當世新人物，父母之前禮不周。獨往獨來成慣例。晨昏定省不須修。把那孝經內則都拋撇。一腳踢翻鸚鵡洲。那知道盡孝關乎天性事。中西原不判鴻溝。」〔註86〕作者有感於當時的女性誤解自由，有違孝道，希望通過這篇彈詞，對這一現象有所匡正。

《哀梨記彈詞》，程瞻廬著，六回，二言目，1918 年在《婦女雜誌》中連載，1919 年上海商務印書館出版，敘事體彈詞。第一回「遭變」，第二回「下帷」，第三回「訂盟」，第四回「遭掠」，第五回「沈珠」，第六回「殲仇」。

彈詞講述了這樣一個故事：清末，南京城中有一飽學之士黃乃珪，父親秉良已亡，母氏在堂積弱多病，有三弟一妹。仲弟乃璋遊幕在外，叔弟乃瑾肄習舉業，季弟乃璧年止三歲，妹婉梨年止六歲。乃珪雖娶過妻室，膝下尙虛，乃璋的妻子已生得一男。太平天國的軍隊攻破南京城時，乃珪想奉母遷鄉，暫避兇險，但母親不肯躲避，說是現在大亂之世，無論逃到哪裏都非樂土。所幸一家人避過大難，在田園中化作農人，也不參加太平天國的科舉，乃珪，乃瑾在農閒時便教乃璧和婉梨讀書。六年一晃而過，一日，避難東浙的鄰居裴大娘回來，哭訴丈夫客死他鄉，大女兒仿仙被官兵掠去，所以和小女兒卜仙一起返鄉了。宛梨與卜仙同齡，從小一起玩耍，自此，兩人便一起讀書。一日，同村的金眉壽，受太平天國士兵的調戲，投井全身，被乃瑾所救。因爲金眉壽在病中受到裴大娘的照顧，所以帶著弟弟福郎認裴大娘做了乾娘，自此，婉梨、卜仙，眉壽義結金蘭。黃老夫人心愛眉壽，想促成眉壽

〔註85〕（清）陳世鎔等纂，《道光泰州志》，《中國地方志集成·江蘇府縣志輯》50，江蘇古籍出版社 1991 年版，336 頁。

〔註86〕程瞻廬，《孝女蔡蕙彈詞》，商務印書館 1919 年版，60 頁。

與乃瑾的井底姻緣，誰知乃珪竟搖頭不允，說外面的風聲緊的很，賊兵是沒用了，官兵正進逼城下，今日不知明日事，保得住性命已是莫大之幸，怎議及男婚女嫁的事情，城破之日，若還能一家團聚，危而復安，那時再議婚事。黃老夫人想賊兵都不怕還怕官兵，誰知黃氏一門除了被掠的婉梨和逃走的乃璋娘子、小玉外都慘遭殺害。婉梨被掠到船上，看到眉壽也在，押解她們的正是殺死母親、兄弟的那位官兵，於是暗暗下定了報仇的決心。在被賣的途中，眉壽投河而死，婉梨設計毒殺了仇人，在留下絕命詩後懸梁自盡。最後全書以已嫁作人婦的卜仙前來弔唁作結，婉梨的烈女之名廣為流傳。

此書描寫了戰爭的殘酷，所謂官兵，賊兵都可以隨意取人性命。程瞻廬還有《君子花彈詞》，於 1919 年在《婦女雜誌》中連載。

《蓬萊烈婦彈詞集》，陳範我著，元昌廣告公司 1938 年 4 月出版。作者在楔子中表明了創作緣由：「我們中國素稱禮儀之邦，向來義究仁義道德。尤其是對於婦女貞節，非常注重。所以翻開歷史來看，多載著節婦烈女的事情。此種舉動，雖近乎愚笨，有違人道，其實也是一種血性作用，不可謂非人類的特性嗎。到了現在時代，風氣不同，一切仁義道德不必說，對於婦女方面，多要什麼解放，什麼摩登，甚至男女不妨自由戀愛，和自由離婚，驕奢淫佚，不一而足，弄到後來，風氣愈壞。解放固然容易，恢復自不可能，非但談不到什麼貞節，恐怕連貞節二字的意義，也是莫明其妙。這也是物極必反的道理。你想中國數千年來的女子，束縛太利害，到了今日，如此開通，豈不是比前大相逕庭麼。不過長此下去，中國固有的道德，恐怕要完全破產了，有心世道的人，豈不萬分傷心嗎。」作者有感於「風氣愈壞」，認為「與其做一個摩登女子，不如做一個賢母良妻，值得人家佩服。從此組織美滿家庭，夫婦合作，幸福無窮，立於社會，人人欽仰，服務國家，民眾模範，這是多麼光榮。」因此，他將濟南省的一條新聞改編成彈詞，當時有位公公陳福富欲強姦兒媳張氏，張氏自殺以保貞節，但是承審員與檢驗員都受賄隱瞞事實，使張氏含冤酒泉，最後省府主席韓復榘親自審問，真相大白後立碑表彰張烈女。作者希望通過改編這個可歌可泣的烈婦新聞，來「恢復中國數千年的舊道德。」〔註87〕

李東野著有《孤鴻影彈詞》、《俠女花彈詞》等作品，其中《俠女花彈詞》十六回，二言目，1914 年 4 月 19 日開始在《申報‧自由談》連載，1915 年由上海錦章書局出版。作品講述才女周素珠與吳振亞已有婚約，得知吳振亞死訊

〔註87〕陳範我，《蓬萊烈婦彈詞集》，元昌廣告公司 1938 年版，1～2 頁。

後，素珠與救命恩人花懷璧互生情愫，然而成婚當晚得知吳振亞未死，素珠準備自盡，花懷璧表明了自己的女子身份，素珠得以保命。最後吳振亞與素珠成婚次日，得知花懷璧其實是男子。方樗纓在序中稱讚這部作品「自由結婚一節，含譏帶諷，語重心長，大足爲心醉歐風，踰閑蕩檢者作當頭捧喝。」〔註88〕

胡懷琛曾自述寫過四部彈詞：「一爲《綿綿恨》，前曾排載《太平洋報》，未完而止，今殘稿亦已散失。一爲《血淚碑》，一爲《羅霄女俠》，丙辰夏秋間，分載《共和新報》及《申報》……一爲《鐵血美人》今方脫稿，尚未刊布。」〔註89〕其中《羅霄女俠》彈詞於 1916 年 9 月 27 日開始在《自由談》及《新自由談》上連載，作者曾這樣講述創作緣由：「余於今夏受亞子之囑，成《血淚碑》彈詞一書，自知無聊文字於世何補。忽忽氣候潛移，秋光蕭索，病軀多暇，結習難忘，胸中哀樂，欲假文字一寫，濡筆伸紙，再成此編。」〔註90〕可知他是在養病期間寫就《羅霄女俠》的。

全書分爲八回：第一回「遇盜」，第二回「借宿」，第三回「聞警」，第四回「情話」，第五回「還湘」，第六回「墮溷」，第七回「感恩」，第八回「認姊」。彈詞主要講述了這樣一個故事：清末，少女陳阿青隨父母從江西回湖南醴陵老家。途中遇到劫匪，父母皆遇難。阿青孤身一人來到一家村店借宿，不料店主夫婦欲招其爲媳。店主之子五兒，假託與阿青外出打獵，將其送至醴陵城外。阿青在醴陵城中遇到舊僕王媽，不料卻被騙至妓院，後又被五兒救出。阿青心生愛慕，欲以身相許，誰知五兒竟是女子。原來當年五兒的繼母害死她父親並將她趕出家門，五兒只得乞討爲生，因不堪朱門白眼，於是投奔古寺，誰知古寺老尼是一位俠客，將其帶入羅霄山傳授劍術，十年之後藝成出山，成爲一名俠客，只是父仇還未報。阿青一番詢問之後，驚覺五兒的繼母便是自己的生母，於是姐妹相認。

《聊齋誌異俠女篇彈詞》由檗子〔註91〕發表於《小說月報》1917 年第八卷第六號上。蒲松齡在《聊齋誌異》中塑造出了一系列獨具個性特徵的俠的形象。《俠女》中的主人公豔若桃李而又冷若冰霜，她與耳聾的母親居住在「博於材藝，而家綦貧」的顧生家對面，生活艱辛。她們得到了顧生母子的周濟，

〔註88〕李東野，《俠女花彈詞》，上海錦章圖書局 1915 年版，序 2 頁。

〔註89〕胡寄塵，《血淚碑、羅霄女俠》合集，廣益書局 1933 年版，序 1 頁。

〔註90〕胡寄塵，《血淚碑、羅霄女俠》合集，廣益書局 1933 年版，51 頁。

〔註91〕檗子，即龐檗子（1884～1916），名樹柏，號芑庵，別號劍門病俠。

爲表示感謝俠女常到顧生家操持家務，侍奉顧母。然而她對顧家的求婚卻始終拒絕，對顧生舉止生硬。忽然有一天，俠女出門時回首對顧生嫣然而笑，並與之欣然交歡，隨後對顧生又不理不睬。她的美貌引來了顧生的變童——白狐所化少年的糾纏，她匕首望空一擲，白狐便身首異處。在母親逝世，爲顧生產下一子後，俠女手刃仇人。她在與顧生道別時說出了整個事情的緣由，原來她父親被誣陷致死，但申冤無門，她只能靠自己的力量來報仇，因爲年老多病的母親在世，所以她選擇等待。爲報顧生母子的接濟之恩，她決定爲家貧娶不起妻子的顧生延續血脈。最後俠女飄然遠去，她的兒子後來中了進士，並侍奉祖母終老。

幾百年後，檗子將這個故事改編成了彈詞。這部作品雖然有〔引〕、〔白〕、〔唱〕等形式，但沒有具體的角色定位，而是通過敘事者的描述展開故事，因此仍屬於敘事體彈詞。小說《俠女》一開始就直奔主題「顧生金陵人……」，相比之下，彈詞多了《引子》：

> 閒來信口且談天，好博明朝買酒錢。千古奇聞供一笑，滿腔幽恨付三弦。恨只是勸忠勸孝文無幾，無非那誨淫誨盜字連篇。今單表淄川有個蒲居士，名喚松齡號柳泉，負才抗志無人識，筆耕墨耨自年年。幸有那著作等身堪不朽，《聊齋誌異》至今傳。學他東坡說鬼心非冷，比那干寶搜神筆更仙。物態描摹疑鼎鑄，人情刻鏤勝犀燃。還有貞姬俠客千秋在，莫當牛鬼蛇神一例看。將他可歌可泣般般事，譜作彈詞勸世間，也算是結取三生翰墨緣。

> 從來青史自生香，孝女貞娥姓氏揚。兩字恩仇都了了，最難荊轟出紅妝。如今先敘金陵事。〔註92〕

同時《聊齋誌異俠女篇彈詞》在繼承原有小說情節懸疑等優點的同時，拋棄了狎玩變童等和俠義主題無關的內容，文章處處在渲染俠女的「俠客」氣質：「見生不作蜻蜓避，人前儀態倍端莊」，「不耐向人瑣屑話家常」，「豔如桃李冷於霜」，「那女子受後並無申謝語」，她神態清冷、語言簡潔，一個冷豔並且特立獨行的女俠形象躍然紙上。

和以往的俠客一樣，俠女身上肩負了最爲重要的使命：報仇。文末，「一夕譙樓過二鼓，忽見女來神色帶倉皇，腰際晶瑩橫匕首，周身結束效輕裝。

燈前一笑似天神下，那素手還提舊革囊，笑道大事已完從此別，明朝世事兩茫茫。」〔註93〕由俠女之口簡述復仇事件始末。在此之前，彈詞中突出敘述的是俠女如何行孝與報恩，她不僅對自己的母親「至孝」，還「不厭其穢」地為顧母敷藥，因為顧生周濟她們母女，所以她也用行動來回報顧生母子。她甚至還為顧生生子，以此來報恩。俠女在最後說道：「前因養母之恩須報答，故而不辭苟且作野鴛鴦，眼見君貧無力娶，為延一線續書香。」在俠女看來，報仇與報恩，是她的兩大使命。

這一時期，「『有識者』們，總結『屢挫於外敵』的教訓之後，所『致意』者還有一條，就是恢復、張揚中華民族久已失去的『尚武』精神。」〔註94〕在此背景之下，擁有俠義、孝道、報恩諸多方面教育功能的《聊齋誌異俠女篇彈詞》便得以面世。蒲松齡在《聊齋誌異》裏塑造的俠女展示了女性特有的行俠風格，並突破了以往俠女殺子復仇的主題，是對清前俠女形象塑造的繼承和發展。而《聊齋誌異俠女篇彈詞》中的俠女更具生活色彩，作品不再執著於各種法寶功能、高超技藝的展示，而是通過對真實俠義精神的渲染，以期在娛樂的同時對讀者有所感化。

（二）哀情類彈詞

彈詞作者還將當時小說創作中流行的哀情、黑幕、偵探等引入彈詞，打破了傳統才子佳人式彈詞中的團圓結局，那些傷感之作，表現出不同以往的審美心理。魯迅在雜文《有無相通》中曾將當時舊派小說中流行的題目作了一些歸納：「什麼『……夢』『……魂』『……痕』『……影』『……淚』，什麼『外史』『趣史』『穢史』『秘史』，什麼『黑幕』『現形』，什麼『淌牌』『弔膀』『拆白』，什麼『嚶嘻卿卿我我』『嗚呼燕燕鶯鶯』『吁嗟風風雨雨』，『耐阿是勒浪覅面孔哉！』」〔註95〕對照這一點，我們可以發現這一階段不少彈詞作品的命名與此相類似。

《瀟湘影彈詞》，天虛我生即陳蝶仙著，1914 年在《女子世界》上開始連載。天虛我生還著有《自由花彈詞》，1913 年開始連載於《申報·自由談》，1916 年由上海中華圖書館刊行單行本。天虛我生在《自由花彈詞·序》中詳

〔註93〕檗子遺墨，《聊齋誌異俠女篇彈詞》，《小說月報》1917 年第 8 卷第 6 號，3 頁。
〔註94〕徐斯年，《俠的蹤跡──中國武俠小說史論》，人民文學出版社 1995 年版，100 頁。
〔註95〕王得後編注，《魯迅雜文全編》，陝西師範大學出版社 2006 年版，93 頁。

盡地描述了他與彈詞的淵源：

> 予在髫齡時，恒與閨中姊妹讀《再生緣》、《天雨花》等彈詞，
> 竊嘗嫌其平仄不調，而押韻處尤復雜土音，不可爲訓。曾發宏願，
> 欲一一糾而正之。吾母笑曰：「黃口兒纔辨四聲，卻喜掉舌，詆毀古
> 人！汝蓋不知著書之難也。說部之類，各有所長，未可概論。若果
> 求全責備，雖聖經賢傳，亦多可以指摘之處，況乎彈詞！……若以
> 嚴格繩之，則說白當數《紅樓》，詞采當數《西廂》。苟能以《紅樓》
> 之說白，《西廂》之詞采，融冶一爐，著爲彈詞，而平仄順序，聲韻
> 句法，一絲不亂，是誠足以彌古人之缺憾矣。特是世無作者，其孰
> 能之？」時予方以才氣自負，則立應之曰：「兒不敏，雖曰未能，願
> 學焉！」退而握管搆思，閱十日成《瀟湘影彈詞》十六折，以獻吾
> 母。……吾母乃大喜，語諸姊妹，謂足以當學詩之初步。由是，予
> 遂專意於小說之學。〔註96〕

從這則序言可知，他小時候便喜歡與姐妹們一起閱讀《再生緣》、《天雨
花》等彈詞名篇，但私下認爲這些作品的平仄不夠講究，而且押韻處往往屢
雜土音。在母親的鼓勵下，他開始了彈詞創作。《瀟湘影彈詞》是他的舊作，
原名《桃花影》，十六回，二言目，1916年中華圖書館出版時，書前有清光緒
二十六年（1900）何春旭序，朱素仙、陳壽同、淩壁、顧鼎、沈謙、汪大可、
劉國忠等人的題詞。此書講的是《紅樓夢》中薛寶釵的後輩薛湘琴與賈寶玉
的後輩賈小玉之間的愛情故事，因爲受到小人的挑撥離間，薛湘琴名譽受損
後含恨自殺。這部彈詞的故事情節和內容與當時流行的哀情小說相似，因此，
顧影憐稱之爲：「以彈詞而寫哀情，此爲破天荒第一部書。」〔註97〕

《焚蘭恨彈詞》，青陵一蝶即徐枕亞著，1914年開始在《小說叢報》上連
載。共十二回，二目，代言體彈詞。第一回「應聘」，第二回「開學」，第三
回「謁姊」，第四回「遇豔」，第五回「議婚」，第六回「憶美」，第八回「認
婿」，第九回「偷書」，第十回「路要」，第十一回「逼婚」，第十二回「玉化」。

彈詞講述杜小蘭與妹妹杜小鳳隨父遊宦姑蘇，如今父親已亡，母親陳氏
本是名門淑女，幼嫻吟詠，且精刺繡，素有針神之譽。竟新女校校長浣青夫
人，聘請陳氏做國文兼刺繡教習，杜氏姐妹也一併入學。陳氏有個弟弟陳紹

〔註96〕天虛我生，《自由花彈詞》，中華圖書館1917年版，1～3頁。
〔註97〕天虛我生，《瀟湘影彈詞》，中華圖書館1916年版，147頁。

清，其子爲陳祖良。一日，陳紹清向姐姐提親，想將杜小蘭許配給陳祖良。陳氏答道：「你的意見很是，做阿姊的決無不允的，但是現在世界開通，結婚一事，風尚自由，我們做父母的也未便十分作主，你今且先問問良姪兒，等蘭兒回來我也來對他說明，總要得他們雙方願意，我和你才可主張將他們結合，成就這美滿良緣哩。」〔註98〕這位陳祖良，在杜氏姐妹和同學遊虎丘時曾輕薄過她們姐妹倆。祖良的同學張病倩爲姐妹倆解圍，因此杜小蘭對他頗有好感。誰知陳氏終究心偏娘家人，姐妹倆也未敢將虎丘之事告訴母親，所以小蘭還是被母親許配給了祖良。小蘭向病倩寫信求助，但祖良已找病倩談判，病倩深感小蘭終身已定，迴天無力，便置之不答，小蘭久久等不到病倩的回信，心中了然，眼看婚期將近，一夜趁著小妹睡熟，寫好絕命書，吞金而亡。病倩在墓前痛哭，後來陳氏從了小蘭絕命書中的囑咐，將小鳳許配給病倩。彈詞最後寫道：「願世間爲人父母通融好，莫使這怨女癡男死不平，」〔註99〕強調婚姻自由的重要性。

彈詞中也寫到了興辦女學：「（笑引）黑獄沈沈未有涯，捐金興學望何奢，吳中不少閒田地，種遍桃花與李花。（白）浣青姑蘇陳氏，虛度三十韶華。說也慚愧生的太早了些，如今只好算得新舊女界過渡時代一分人才。學問呢，實在不足，力量呢還是有餘，因此願捐巨金創辦這所競新女校。發起以來，幸虧得那些女界同志贊成的十分踴躍。你拔釵鈿我捐簪珥，這家的女孩兒要來上學，那家的姑娘們要來讀書，不上一月，這事居然成功，經費地址俱有著落。學生報名的，前前後後已有八十餘人。眼見得前途發達，蒸蒸日上。沈沈女界，陡放萬丈光明，可不樂煞了浣青也。（唱）要曉得文明二字口頭禪，學問由來第一端。女學不昌人盡盲，如何能夠說平權。恨只恨負我青春三十載，到如今六十何能學打拳。喜只喜紛紛同志能知警，我亦追隨力效顰。入手應先從教育，爲同胞開闢這自由天。」〔註100〕然而作品在興辦女學與提倡婚姻自由的書寫背景下，作爲國文教習的母親陳氏，依然給了女兒一個包辦婚姻的悲劇。

《玉女恨彈詞》，包醒獨著，1914年開始與《焚蘭恨彈詞》一起在《小說叢報》上連載。二十二回，二言目，代言體彈詞。彈詞寫一位富家小姐玉姐，

〔註98〕青陵一蝶，《焚蘭恨彈詞》，《小說叢報》1914年第3期，7頁。
〔註99〕青陵一蝶，《焚蘭恨彈詞》，《小說叢報》1915年第12期，6頁。
〔註100〕青陵一蝶，《焚蘭恨彈詞》，《小說叢報》1914年第2期，5頁。

看中了一位戲子，因母親不允，私自離家與戲子相會，家人找到她後也拒不回家，最後病產隕命，戲子移情別戀的故事。

作者在最後一回評道：「（唱）生來好個女紅妝，二八年華時正芳。容貌足羞桃李豔，門楣不讓鄧陶光，閨中待字人爭羨，料得佳壻乘龍願快償。多只為一念偶差忘閨教，無端偷自嫁歌郎。致今朝遽因私孕傷生命，竟爾結果全無沒下場。此事洵堪資借鏡。（白）願為婦女的。（唱）常將禮範作堤防，不然易入情魔障。空使玷辱身名愧悔長。（白）那青年姊妹呢。（唱）更宜懷守香閨則，莫任狂且誘引將。倘或相思緘密字，便教窺穴與踰牆。那知多露遭譏刺，這其間面目何存醜行彰，爭似遵言憑月老，博得個堂堂婚配樂無疆。」〔註101〕

《芙蓉淚彈詞》，包醒獨著，1915 年開始在《小說新報》上連載。又名《鴉鳳緣彈詞》，三十六回，二言目，1919 年上海國華書局印行，徐枕亞，李定夷，俞天憤，姚民哀為其序。

彈詞寫清光緒末年，蘇州女子姜雲岫，能詩善畫，父親亡故後，與兄祖瑞，為了寬慰母親沈氏，常常請舅父沈珩的妻子來勸解母親。因為這舅母同時也是姑母，所以兩家關係非比尋常。由於舅母沒有子女，所以她將雲岫認作寄女。

不久，沈珩受選為湖北知縣，要攜家眷赴任。舅母捨不得雲岫，便帶其一同前往。到任後，姚部郎之妻非常喜愛雲岫，想為其甥鮑景模作媒。鮑家是當地有名的富商。舅母寫信約嫂子前來相婿，兩人都非常中意，於是將雲岫的婚事定了下來。誰知後來從僕人那得知景模不僅有大煙癖，還好賭。姜母確認這消息後，瞞著雲岫，自己卻悒鬱而亡。

雲岫完婚之後見丈夫抽大煙，卻毫無辦法，家道日益貧困，最後只能靠典釵度日。祖瑞在蘇完婚時，雲岫夫婦前來賀喜，回去時途經上海，景模受同鄉浪子巫道成引誘，大肆嫖賭，雲岫典當盡空，始得歸家。最後景模煙癮大發，竟不治身亡。雲岫母子靠沈、姚二家共同資助，維持生活。

作者在第一回閨況中寫道：「唉世界上為父母的人對著子女們，那一個不心心歡喜，那一個不時時顧惜。那為娘親的看了女兒更是珍逾拱璧，愛若掌珠，總總說不出的憐護。所以大凡做女子的無論富戶貧家，每以未嫁時為最快樂兼之年華嬌小，待字深閨，他一生的希望又彷彿如錦繡前程，十分燦爛。

〔註101〕包醒獨，《玉女恨彈詞》，《小說叢報》1916 第 22 期，19 頁。

因爲有了這般的思想便無一件事不高高興興。眞是隨處隨時盡存樂觀主義呢。」〔註102〕

作者認爲「（白）想起雲姐終身害到如此，那當年作伐的姚夫人，實不得諉卸其咎，在下每每和朋友閒談輒爲嘆憤。所以不辭讜陋，把這事編作彈詞，俾爲女嫁壻的做個借鏡。免致輕信媒言，誤他女兒一世，這就是（唱）區區宗旨書中寓。」〔註103〕從《玉女恨彈詞》與《芙蓉淚彈詞》兩部作品，不難看出包醒獨的婚戀觀，他希望女子在閨中守禮，等待明媒正娶，而父母選壻時也要把好關，不能輕信媒婆之言而誤了女兒一生。此外，包醒獨還著有《林婉娘彈詞》於 1917 年開始在《小說新報》上連載。

《藕絲緣彈詞》，程瞻廬著，上下卷二十回，二言目，代言體彈詞。1918年開始在《小說月報》上連載，1920 年商務印書館出版。上卷：第一回「掃墓」，第二回「認姑」，第三回「評詩」，第四回「訂婚」，第五回「送別」，第六回「賺信」，第七回「盼書」，第八回「獻媚」，第九回「賞菊」。下卷：第十一回「送符」，第十二回「煮茗」，第十三回「逼嫁」，第十四回「解鈴」，第十五回「籌策」，第十六回「訪舊」，第十七回「告哀」，第十八回「遊山」，第十九回「讓壻」，第二十回「了緣」。

故事寫江蘇江都的女子謝湘秋與浙江吳興的江蓉裳已有婚約，江蓉裳赴京投奔姑丈王錫齡，王有一女王倩卿。謝母的侄子許二欲取湘秋爲妻，於是從中作梗，攔截雙方書信，致使江蓉裳以爲湘秋已嫁他人，謝家以爲蓉裳已死。謝母欲將湘秋嫁給許二，湘秋在雙重打擊之下一病不起。後來看見鄉試題名錄，知道蓉裳未死，於是湘秋入京尋找蓉裳，沒有遇到，只能返回揚州。此時江蓉裳已隨被任命爲揚州知府的姑丈來到揚州，並與表妹王倩卿定下親事。婚前三日，倩卿收到湘秋的來信，詳細說明了被許二作弄的過程，並希望倩卿婚後代爲向蓉裳解釋。蓉裳在平山堂遊玩時遇到謝母，湘秋恐其知道眞相後左右爲難，堅持要其成婚後再相見。不忍蓉裳傷心的倩卿作出了讓婚的決定，並說服父親和湘秋。於是王錫齡將湘秋認爲義女，接到府上，待結婚時仍舊似江王締結姻緣，實際上卻是江謝結成佳偶。只是湘秋婚後不久便病故，臨終前囑咐蓉裳與倩卿要續婚，於是一年之後，兩人成婚。

作者也將此篇彈詞定義爲哀情，他在書中說：「弱蕙易摧，舜華易謝，彩

〔註102〕包醒獨，《芙蓉淚彈詞》，《小說新報》1915 年第 1 期，1 頁。
〔註103〕包醒獨，《芙蓉淚彈詞》，《小說新報》1915 年第 12 期，4 頁。

雲不壽，琉璃不堅。這是薄命女子難逃的劫運，也是哀情小說一定的收場。湘秋與蓉裳的一縷情絲斷而續，續而復斷。」〔註104〕

《孤鴻影彈詞》，李東野著，上下卷三十六回，二言目，曾連載於《新聞報》副刊《快活林》，1919 年由上海新民印書館排印出版，姚民哀爲之序。《孤鴻影彈詞》用淒婉的筆調描寫了民國時期施長衡與崔綠綺、馮彩鴻兩位女子之間纏綿俳惻的愛情故事。施長衡與表妹崔綠綺兩小無猜，郎才女貌，後來由於崔父小妾的挑撥，施長衡負氣遠走他鄉，在去香港的途中輪船觸礁，被南洋華僑馮彩鴻救到自己的船上。馮彩鴻父母已亡，獨自打理銀行與輪船公司，她將自稱黃倍蘭的施長衡留居家中，見其年輕有爲，便暗生情愫，還託他代管商務。但施長衡依然思念表妹，留書不辭而別，回國尋找崔綠綺，馮彩鴻追至上海。最後馮彩鴻在上海被拆白黨人炸傷，臨終前，她要求施長衡與崔綠綺在自己床前舉行了婚禮。

《血淚碑彈詞》，胡懷琛著，與《羅霄女俠彈詞》同爲 1916 年的作品，1933 年廣益書局排印合訂。此書共十二回：第一回「訂交」，第二回「遇盜」，第三回「奸謀」，第四回「冤獄」，第五回「奇變」，第六回「話別」，第七回「殉難」，第八回「劫花」，第九回「墮溷」，第十回「香消」，第十一回「殉情」，第十二回「觀劇」。作品講述了這樣一個故事：清時，蘇州的男學生石如玉與女生梁如珍，因志同道合，認爲知己，後來訂婚。梁如珍有位姐姐梁如寶與奸徒陸文卿相通，引出一場家禍，害死了父母，還誣告石如玉與梁如珍。後來梁如珍被陸文卿賣入妓館，雖被石如玉救出，卻不治身亡。石如玉殺死陸文卿、梁如寶二人，在梁如珍墓前痛哭，以頭觸墓石而死。

當時《血淚碑》的故事在戲曲舞臺上大爲流行，特別是馮春航、陸之美演出的劇目特別受到觀眾的歡迎，市面上也有《血淚碑》的小說流通。胡懷琛的好友柳亞子所著《春航集》中有《血淚碑》本事，他看胡懷琛曾寫過彈詞，便邀請他改編《血淚碑》，並囑咐他：「須至新新舞臺，看春航演十數徧，然後上筆。」〔註105〕這部作品傾注作者很多心血，他曾說：「少多幽憂，長而彌甚，有觸斯發，不自知其所以。憶昔草《血淚碑》，秉筆至如珍噴血時，余亦嘔血，若謂癡情，吾固不敢，或者勞心所致。……惟《血淚碑》一種，尤爲哀感，每一覆閱，未嘗不爲之欷歔！一笑一啼，似非勉強所可比擬！以吾

〔註104〕程瞻廬，《藕絲緣彈詞》，商務印書館 1927 年版，105 頁。
〔註105〕胡寄塵，《血淚碑、羅霄女俠彈詞》合集，廣益書局 1933 年版，1～2 頁。

境而論，亦無庸過於戚戚，然吾心中若有無限幽憂，茹不能茹，吐不能吐，比比寄諸文字。嗟夫！香草、美人，自是別有寄託；屈原、宋玉，又豈徒自傷其身世而已哉！」〔註106〕《血淚碑》除有小說、戲曲、彈詞之外還有 1927 年鄭正秋執導的《血淚碑》電影。

（三）其他類彈詞

以上孝義俠烈類彈詞和哀情類作品在這一時期比較多，其他還有一些類型，如《學校現形記》，吳門郁郁生撰，雜誌將其列為「黑幕彈詞」，作者在第一回「入學」中指出：「天下事事物物，好比舞臺上的戲一般，幕一開，裏面千變萬化，形形色色。所以無論是國家、社會、家庭、都是黑幕重重。講到學校，也是如此。作者是學界中人，所以無微不知。久想撰一彈詞小說，惜乎沒有相當的資料。現在就把學校中的黑幕，揭示出來，做這篇學校現形記。滿紙荒唐，列位不要見笑就是了。」〔註107〕

此外還有張丹斧的《女拆白黨彈詞》，姚民哀的《素心蘭彈詞》等。《女拆白黨彈詞》本名《貞女傳》，又名《制雄黨》，講述女拆白黨破壞、揭露拆白黨欺騙手段的故事。《素心蘭彈詞》於 1921 年在《新聲》雜誌上連載，故事以革命為背景。

三、抗日救亡彈詞

「九一八」事變後，全國範圍內的抗日救亡運動此起彼伏，各行各業都在愛國志士的帶領下，用各自的方式抵抗日本的野蠻行徑。隨著抗戰的開始，彈詞也被運用到抗日救亡運動中去，周恩來於 1939 年 3 月 24 日在浙中開學典禮舉行演講時說：「在文化上，我們雖然已經設立了學校在敵人的後方，但這還是不夠，因為淪陷區我們還有許多老百姓得不到祖國消息，受不到祖國的教育，卻只看到敵人和漢奸們荒謬的文字，只聽到敵人廣播的反動宣傳，這種情形長久下去是很危險的。所以我們要趕快想法子補救，應當盡可能的用文化進攻的方法把這些民眾的頭腦搶救過來，肅清和糾正他們受敵偽的反動宣傳。有時我們在淪陷區內因為環境關係，不能公開的作普遍宣傳，那我們就可以因時制宜因地制宜，運用各種宣傳的技巧去進行，比方彈詞、說書，

〔註106〕胡寄塵，《血淚碑、羅霄女俠彈詞》合集，廣益書局 1933 年版，序 1 頁。
〔註107〕吳門郁郁生，《學校現形記》，《木鐸周刊》1924 年第 206 期，第四版。

或其他的方法都可以。」〔註108〕

　　郭沫若曾說：「彈詞說書雖是舊的形式，但我們須利用它，把新的內容裝進去，利用來作抗戰救亡的宣傳，⋯⋯這種彈詞與說書能吸引不少的聽眾，不過這種宣傳技巧，要經過長時間的訓練，才能臨機應變，見什麼，說什麼，要土語一學就上口，俗語記得多，要能把一件事隨便編成調子來彈唱，編成故事來宣講。普通的宣傳員找材料容易意識正確，但是必須經過一番技術的訓練，才能夠表演，而那些職業的，演技的技巧上不成問題，可是材料需要補充，尤其是意識上需要長期的訓練去糾正，才能適合抗敵救亡的宣傳。」〔註109〕

　　趙景深於 1938 年在上海《救亡日報》上發表《抗戰與彈詞》一文，號召大家創作彈詞，他指出「在今日全面抗戰，試作各種通俗文藝的時候，彈詞的確不曾充分地達到牠的使命。以這次抗戰為題材寫作開篇的，只有鑫鳥先生於八一三戰後不久，在《光明》上寫過一篇《寶山城》，後來在《世紀風》上寫過一篇《台兒莊》。我見聞讓陋，還不曾見過第三篇。在這以前，似乎也只有童振華寫過《走私彈詞》（又名《國難彈詞》）和少數的開篇而已。⋯⋯我們對於彈詞界不存過奢的願望，但現成的周穎芳的《精忠傳彈詞》（商務版）以及無名氏的《四香緣》，似乎都可以彈唱的。在開篇方面，則馬如飛的《花木蘭》、《岳武穆》、《梁紅玉》和《刺虎》，最近《開篇大王》上的《岳傳》開篇，該也都是好材料吧？至於新開篇的大量寫作，不顧一切困難地嘗試，尤其是我所盼望的。」他還分析了抗戰彈詞難以產生的原因：「第一是內容與形式不甚配合，⋯⋯大鼓是宜於寫抗戰史跡的，彈詞就不行。無論在音樂上或地域上，彈詞總是南方的，帶有纏綿宛轉的特色。⋯⋯其次，說不定在相沿的傳說習慣之下，重美的觀念更甚於重內容。⋯⋯所以彈詞的柔和美，寫戰場的鐵和血，處置起來，的確是不大容易。第二是規範極為嚴密，最後一節必須三句，首句無韻，二三句有韻，幾成通例，這倒不去管牠。最難的便是平仄。開篇的代表作《馬加飛開篇》簡直與詩沒有什麼分別。」他最後指出：「第二點是容易克服的。我們不妨自我作古，用古詩的方法去寫，而詞句卻力求通俗。第一點實無辦法，也只好說是『比沒有總好，何妨試試』了。」〔註110〕

〔註108〕羅未央，《浙江革命進步文化歷史文獻選編》，浙江美術學院出版社 1993 年版，232 頁。

〔註109〕郭沫若，《戰時宣傳工作》，青年書店 1938 年版，90 頁。

〔註110〕趙景深，《曲藝叢談》，中國曲藝出版社 1982 年版，124 頁。

　　張子齋在身體力行創作《救亡彈詞》時也認爲「寫這類東西，在我是一種嘗試。從『雅士』們的眼光來看，一定『俗不可耐』。但根據個人的粗淺經驗，寫這類俗物，至少比寫一首『雅詩』要困難一倍。寫這篇東西，我曾經費了比寫一首『雅詩』更多的時間和精力，結果還是寫得這樣不好。」〔註111〕

　　在此背景之下，有不少與抗日相關的彈詞作品出現。如，劉念渠的抗戰彈詞《男扮女巧計殺敵》，發表於1939年7月30日的貴陽《中央日報》。〔註112〕由謝家群整理的高剛山遺著《救亡彈詞》〔註113〕等。柯聯魁在彙編成冊的《救亡彈詞》的前言中寫道：「我們收集了民間流行的俚歌俗曲，編進了新的救亡的內容，以土白吟唱的『彈詞』，實踐的結果，竟博得廣大群眾的歡迎。」〔註114〕這一時期究竟創作了多少抗日彈詞，還有待研究者進一步的收集整理，筆者在此只能對所見的抗戰彈詞略作討論。

　　《國難記》，童振華〔註115〕著，1936年4月由讀書生活出版社出版，原連載於《讀書生活》雜誌第七、八、九、十期。書的封面下方印有大幅國難地圖，用以警醒國人。書前有柳湜於1936年所作的序，書後還有著名音樂家呂驥爲《國難記》譜的兩種湖南曲調，周巍峙也爲其譜有揚州調。

　　彈詞共分四部分：一、「九一八」日本〔註116〕進兵；二、東三省人民遭難；三、小抵抗華軍勝利；四、大團結民眾救亡。作者以「萬里河山一旦丟，烽烟滾滾血橫流。同心合力將仇報，不雪國恥誓不甘休。幾句題解風吹散，書歸正本說從頭。講書不講別一段，單把國難說根由。中國出了敗家子，造成國難萬民愁」〔註117〕開頭，用辛辣的筆墨控訴了日寇自「九一八」事變以來的種種殘暴罪行，發出了寧死不當亡國奴的吼聲，在民眾中起到了很好的抗日宣傳作用。童振華還寫有《勸當兵》彈詞，收錄於葉海林2009年主編的《溫

〔註111〕張子齋，《反戈集》，《張子齋文集》第3卷，雲南民族出版社1990年版，45～46頁。

〔註112〕劉磊主編，《抗戰期間貴陽文學作品選》，貴州人民出版社2008年版，381～384頁。

〔註113〕中國人民政治協商會議福建省南靖縣委員會文史資料委員會編，《南靖文史資料》第19輯，南靖縣印刷廠1995年版，49～56頁。

〔註114〕福建省革命烈士傳編纂辦公室編，《福建革命烈士傳（一）》，福建人民出版社1986年版，11頁。

〔註115〕曹伯韓（1897～1959），湖南長沙人，原名典琦，別名童振華。

〔註116〕迫於當時的出版環境，該書中「日本」二字，均標爲「xx」。如「xx人又占煤鐵礦」。

〔註117〕童振華，《國難記》，讀書生活出版社1936年版，5頁。

嶺抗日戰爭紀實》。

著有《樊增闊獨擒山田清》彈詞的錢警華曾這樣回憶：「我們辦了一些士兵讀物，還有報紙，都是用群眾文藝形式編寫的，主要是供給前方士兵們看的。我也寫過兩篇，其中一篇是描寫在風陵渡附近，我們打下了一架日本飛機，駕駛員跳降落傘下來後，被一個農民抓住了。這個農民姓樊，叫『增闊』，日本駕駛員叫山田清，題目叫《樊增闊獨擒山田清》。那時，一般老百姓看到日本兵是又恨又怕的，因爲日兵有武器又很兇殘，但是樊增闊不怕，他緊緊追趕空降的日本兵，一直追了好幾里，日本飛行員把手槍子彈打完了，最後還是被抓到了。這個農民所以有這麼大的勇氣，是因爲他看了宣傳隊演出的戲劇和節目，激發了他對日本兵的無比仇恨。這個故事發表在士兵讀物上。」〔註118〕

此時的作品較之前的彈詞文本在語言的運用上更顯精鍊。如《樊增闊獨擒山田清》：

　　詩曰：報國男兒意氣豪，不顧生死立功勞；獨擒倭賊猶餘事，一片丹心薄九霄！

　　四句殘詞道罷，書歸正傳。

　　列位請了！今天在下不說別的，單表一段樊增闊獨擒敵寇飛機師山田清的故事。列位：想那樊增闊乃是一個赤手空拳的莊稼漢，怎能活捉一個天空作惡的敵國飛機師呢？話來話長，且聽在下慢慢表來。

　　表的是：

　　日寇「七七」大興兵，

　　想把我國一口吞；

　　那知我國齊抵抗，

　　敵寇無法枉費心。

　　沒奈何把飛機派，

　　轟炸城市與鄉村；

　　心想後方投了彈，

〔註118〕政協武漢市委員會文史學習委員會，《武漢文史資料文庫 第1輯政治軍事》，武漢出版社1999年版，530～531頁。

> 管教我國亂紛紛，
>
> 它可藉此好機會，
>
> 前方一鼓把功成！〔註119〕

還有曹師範記錄的《長沙彈詞——長沙會戰凱歌》〔註120〕：

> 長沙究竟有幾多長？日本鬼子難得量；
>
> 長沙究竟有幾多沙？日本鬼子難得抓。
>
> 日本鬼子難得量！量長不到去見閻王；
>
> 日本鬼子難得抓！抓沙不到乾叫爹娘。
>
> 日本鬼子怎樣量？四月五月不慌忙，
>
> 長驅直入窺長沙，耀武揚威發了狂。
>
> 日本鬼子怎樣抓？六路出兵望南爬，
>
> 三三兩兩走鋼絲，十拿九穩盡抓沙。

列位：這次長沙會戰，一十八萬鬼子兵，二十四個日日夜，個個搔首抓腮，兼程趕路往南竄，真是馬不停蹄人不歇，橫衝直撞頭腦發熱，誰知中了埋伏落了穴，到了長沙才清楚路已絕。列位請看：

> 車面朝北炮火烈，要逃無路怎麼越？生者丟盔卸甲馬不跨，死者斷頭失肢屍斜掛。哀號別處皇軍都稱霸，這裡皇軍大丟駕。倭酋聞報氣盡瀉，世人聽了喜得色。早知長沙有這麼長，真正不該做事太荒唐，早知長沙有這多沙，真是命遭八敗走了歪邪！長沙究竟有多長？橫走直走路茫茫；長沙究竟有幾多沙？東抓西抓眼巴巴。本來長沙不算長，惱恨敵寇犯岳陽；本來長沙不多沙，只因鬼子色

〔註119〕 錢警華，《樊增閻獨擒山田清》，林墨涵總主編，鍾敬文主編，《中國抗日戰爭時期大後方文學書系第9編通俗文學》，重慶出版社1989年版，486～487頁。

〔註120〕 曹師範曾詳細講述此篇彈詞的來源：「長沙彈詞也叫南詞，是曲藝之一種，有說有唱，以月琴為主，用長沙方言自彈自唱，源遠流長，為人民群眾喜聞樂見。以下這段彈詞，是筆者1939年冬在長沙時所聽到認為講得娓娓動聽，曾作記錄。但原稿年久遺失。今逢抗日戰爭勝利五十週年，記此送刊。其中不免有遺漏，請知者校正是幸。」中國人民政治政協商會議長沙市委員會、長沙市郊區委員會、文史資料研究委員會編，《文史資料專輯·長沙抗戰》，湖南省政協機關印刷廠1995年版，52頁。

屬內荏，他的腦殼怎的不搬家！

　　列位要問：何以長沙忽然長？只因軍民一家，還有一個帶頭
打仗的薛樂昌；何以長沙忽然這多沙？壓得鬼子叫喳喳，原來是黨
政軍民共心腸，才把鬼子打得奔突狼奔跑得狂，七零八落亂如麻。

　　列位：長沙會戰打勝仗，千言萬語只有一條，那就是：黨政
軍民心一條，眾志成城力量強，長沙便有無限長；黨政軍民成一家，
同心協力事事查，長沙便有無數沙，寢皮食肉記血仇，埋盡倭奴復
我家。〔註121〕

　　這些彈詞作品朗朗上口，篇幅都不長，它們的作用已經從休閒娛樂轉為
政治宣傳。解放戰爭時期也有一些彈詞作品，如趙景深的《青弋江》，便是描
寫這一時期軍民共同抗敵的情形。青弋江邊江水滔滔，但百姓「一共只消兩
時半，堅固浮橋已搭成。（解放軍）迅速行兵把江過，群眾自動帶路行，逃敵
插翅（也）難飛騰。」〔註122〕青弋江是在安徽省蕪湖南的一條江河。本篇所
寫的事情發生於 1949 年。

第三節　晚清民國男作家彈詞的特點

　　明清之際的彈詞文本主要通過傳抄、刊刻等形式流傳。隨著報刊的興起，
彈詞作品又多了一種新的傳播媒介，這對彈詞創作產生了深遠的影響。為了
迎合報刊接受群體的需求，彈詞的內容與語言都進一步向小說靠攏，同時也
加快了彈詞的商品化步伐。這一點將在第四章中詳細論述。總之，時局的變
化、新的傳播媒介的盛行、大量小說名家的參與，使得此時的男作家彈詞具
有了新的特點。

一、彈詞題材及敘事方式的轉變

　　彈詞文學發展到民國，開始突破傳統題材的規範。一方面在愛國志士筆
下，彈詞成為宣傳新思想，普及新知識的文學樣式。如義水所寫的《富爾敦
發明輪船彈詞》和《照相發明彈詞》分別發表於 1916 年的《小說月報》第七

〔註121〕中國人民政治政協商會議長沙市委員會、長沙市郊區委員會、文史資料研究
　　　　委員會編，《文史資料專輯・長沙抗戰》，湖南省政協機關印刷廠 1995 年版，
　　　　52 頁。
〔註122〕趙景深，《青弋江》，《少年文選》1949 年第 1 期，12～14 頁。

卷第二號和第七卷第三號。作者將富爾敦發明輪船的經過以及法國答解兒發明照相的原委用彈詞的形式演說了一遍。這些作品的教育性非常明顯，大都屬於短篇。另一方面，許多當時的小說名家也參與了彈詞創作，如，李東野著有《孤鴻影彈詞》，張丹斧著有《女拆白黨彈詞》，姚民哀著有《素心蘭彈詞》等等。他們將這一時期小說創作中的流行元素如哀情、黑幕、偵探等引入彈詞，使彈詞舊有的風格在一定程度上產生了改變。

如，《孤鴻影彈詞》就是一部哀情彈詞，講述了馮彩鴻愛而不得的故事。這部彈詞反映的社會生活面也十分廣泛，「不僅描繪了一幅淪為半封建半殖民地的中國社會生活的畫面，表現了作者在這個歷史轉折關頭，對國家、對民族的命運、前途的擔憂，並以大量的篇幅描寫了馮彩鴻，薛爾福、薛守白父子等僑商在海外的商業活動、愛國精神和思念故土的心情，描寫了馮彩鴻在戀愛、婚姻、經商等問題上所表現的近代民主意識。這在彈詞文學發展史是是前所未有的。」〔註123〕

傳統彈詞以結構宏大、刻畫細膩著稱，但同時也流於繁瑣，同一件事往往不厭其煩的在不同人口中重複出現，因此情節進展緩慢。而這些彈詞作品情節安排詳略得當，如行雲流水，一氣呵成。在敘事方式和敘事角度上，也表現出新的特徵，充分借鑒西方小說的創作手法。如《孤鴻影彈詞》採用了倒敘的方法，在作品一開始便道出了故事的結局，然後再通過第一人稱和第三人稱敘述故事情節的發展經過，有別於傳統彈詞文學中敘事者「全知全能」的敘事方式。可見，民國彈詞作品在題材內容和寫作技巧方面都有所轉變。

隨著抗戰的開始，彈詞也被運用到抗日救亡運動中去，郭沫若曾說：「彈詞說書雖是舊的形式，但我們須利用它，把新的內容裝進去，利用來作抗戰救亡的宣傳。」〔註124〕在此背景之下，有不少與抗日相關的彈詞作品出現。如1936年由讀書生活出版社發行的童振華所作的《國難記》彈詞。作品用飽含愛國深情的呼喚，號召全國上下團結一心，共同抗日。

二、彈詞理論研究的加強

男作家們對彈詞的文體也有獨特的思考。陳蝶仙在《自由花彈詞·序》中表達了他對彈詞的認識：「且予以為彈詞者，實為詞章之一種，其中句法，

〔註123〕李東野，《孤鴻影》，中州古籍出版社1987年版，266頁。
〔註124〕郭沫若，《戰時宣傳工作》，青年書店1938年版，90頁。

大多爲《清平調》及《漁歌子》、《小秦王》之連續體。其於中間偶嵌三字句，以搖曳生姿者，則《鷓鴣天》也。其於尾聲，加一句以協韻音者，則《浣溪紗》也」。〔註125〕

姚民哀，藝名朱蘭庵，因爲能彈唱彈詞，所以對彈詞有更爲獨到的見解，他在爲李東野的《孤鴻影彈詞》作序時寫道：「彈詞與鼓詞有別，若延至十餘字，或多砌接笋，即與鼓詞蒙混。《賈鳧西鼓詞》、《庚子國變彈詞》皆爲傑作，而其疵病，即在鼓詞、彈詞不分。蓋彈詞正宗，以七字爲率，而上下句最妙似對非對，運用成語，如白香山之詩句，然斯爲盡善盡美。」〔註126〕在這裡，姚民哀不僅說明了彈詞與鼓詞的區別，而且對具體的創作也提出了要求，認爲在實際創作中要「盡羅詩詞曲三者之善」。

到了 20 世紀 30 年代《滿江紅彈詞》的作者陸澹庵還在《敬告閱者》中論述了關於書場彈詞文本與文人彈詞文本的區別：「唱書先生的腳本，與書坊裏所印的彈詞小說，性質完全不同。書坊裏印行的彈詞小說，其中唱篇，不妨摛文藻詞，做得典雅一點。但是唱書先生的腳本，卻第一要通俗，唱出來教人家完全聽得懂。」〔註127〕

而范煙橋不僅創作過《家室飄搖記彈詞》、《玉交柯彈詞》兩部作品，更將彈詞寫入文學史。1927 年，他寫成二十餘萬言的《中國小說史》，其中多次涉及到彈詞。對此，范煙橋在引言中即有交代：「金鶴望師，即《孽海花》之造意者，嘗詔余：小說實包括戲曲彈詞也。蓋戲曲與彈詞，同肇於宋元之際，而所導源，俱在小說，觀其結構即可知，有韻無韻不過形色上之分別，猶之文言與白話，其精神則一也。竊承其指，乃納戲曲彈詞於其間，故較以前一切中國小說史書爲廣漠」。〔註128〕同時，他在《中國小說史》中，將中國小說劃分爲五類：雜記小說、演義小說、傳奇小說、彈詞小說、翻譯小說。並且指出：「其後時代變遷，作者因環境之不同，小說之體裁屢變不一變，所得而概說者：雜記小說始於漢──散文；演義小說始於宋──白話；傳奇小說始於元──韻文；彈詞小說始於明──韻文；翻譯小說始於清──散文與白話。此就其已成格局而言，至於伏流濫觴，別有時會，俟詳論焉」。〔註129〕他認爲，「彈詞爲陶眞之

〔註125〕天虛我生，《自由花彈詞》，中華圖書館 1917 年版，1～3 頁。
〔註126〕李東野，《孤鴻影》，中州古籍出版社 1987 年版，1 頁。
〔註127〕綠芳紅蕤樓主編輯，《滿江紅彈詞》，上海新聲社 1935 年版，1～2 頁。
〔註128〕范煙橋，《中國小說史》，長安出版社 1927 年版，前言 10 頁。
〔註129〕范煙橋，《中國小說史》，長安出版社 1927 年版，3 頁。

遺」，並介紹了楊慎的《二十一史彈詞》，彈詞名篇《玉釧緣》、《天雨花》，《珍珠塔》以及其他女作家彈詞，還論及「江北派彈詞與北方之鼓詞」等等。

以上，他們不僅論述了彈詞有敘事和代言兩種體例，討論了彈詞與鼓詞的區別，還詳細解釋了書場彈詞文本與文人彈詞文本的不同，甚至將彈詞寫入小說史，將其文體定位為小說。不論是否言之成理，此時的彈詞男作家們對彈詞的認識，已經有從實踐上昇到理論的趨勢。

三、注重彈詞創作的演唱適用性

文人彈詞主要用於案頭閱讀，如果要用於演出則需要大範圍地改動。此中原因，一方面是由於文人彈詞用詞典雅，因為「做得太典雅了，唱的人和聽的人，大家都莫名其妙，書中的趣味，便要減去不少。」〔註130〕除此之外，還有一個更重要的原因，那就是文人創作有些地方不合彈詞韻律，「評彈的唱詞要求清新明白，朗朗上口。一般為七字句，比較嚴整，每句唱詞還要求平仄和諧。」〔註131〕不然藝人們彈唱起來會很拗口。

陳蝶仙在其《自由花彈詞・序》中就曾指出「讀《再生緣》、《天雨花》等彈詞，竊嘗嫌其平仄不調，而押韻處尤復屬雜土音，不可為訓。」〔註132〕

而這一點，隨著彈詞創作的發展，正被越來越多的創作者所注重，力圖彌補。彈詞名家姚琴孫所作的《荊釵記彈詞》，1915年開始在《小說叢報》上連載。徐枕亞為《荊釵記彈詞》題記時如是說：「先生幼承家學，詩古文詞，無不入妙，更以餘力及於音律，尤精彈詞，此書取《荊釵記》原本演繹而成，以鍼砭薄俗之苦心，寓及身所遭之隱痛。書中所用角色唱白，悉合彈詞原則，不差毫黍，迥非時下文人率爾操觚者所可同語。」〔註133〕從這一題記可以看出，彈詞藝人的文本創作能夠「悉合彈詞原則」。

陸澹庵寫有《彈詞韻》，並將多部小說改編成彈詞，如《啼笑因緣》、《秋海棠》、《滿江紅》等。因為他對彈詞十分熟悉，改編時能契合書場彈詞的規則，所以獲得了空前的成功，不僅在書場和無線電台大受歡迎，彈詞唱本也被印成單本發售。甚至聽眾們去書場時也將他的書帶在身邊。據彈詞藝人姚蔭梅回憶「當時《啼笑因緣》彈詞已出版，來聽書的聽眾百分之八十的人手

〔註130〕綠芳紅蕤樓主編輯，《滿江紅彈詞》，上海新聲社1935年版，2頁。
〔註131〕楊振雄，《西廂記》，上海文藝出版社1983年版，前言7頁。
〔註132〕天虛我生，《自由花彈詞》，中華圖書館1917年版，1頁。
〔註133〕姚琴孫，《荊釵記彈詞》，《小說叢報》1915年第15號，1頁。

中都捧著一本書，我唱一句，他們對一句。」〔註134〕

　　趙景深對此也深有體會，他說在編《彈詞選》以前，「不怎樣愛好彈詞，因為安徽蕪湖人聽不懂彈詞，我幼年也從來沒有聽過彈詞。我是從一九二五年起，才從湖南長沙當了兩年中學語文教師以後定居在上海，受了十二年的彈詞演唱的影響，才逐漸愛好彈詞的。……抗戰時期我也寫過幾篇唱詞開篇給汪梅韻彈唱。當時汪梅韻在南京飯店演唱，阿英和我都到書場作宣傳。由於周信芳也在唱《明末遺恨》，我也寫了一篇《劉夫人》，這是寫周遇吉夫人在寧武關抵抗李自成的，……在音韻上，我當時就碰到困難，因為我寫的《劉夫人》，用的是蕪湖音，普通話大致可唱，汪梅韻不能唱，這是由於蘇州音『關』和『官』是兩種不同的音，好多字都可以用蘇州話將這兩個韻區別開來。於是我只好改寫，重新印唱詞散發。後來我改寫的《劉夫人》就收在汪梅韻的《香雪留痕集》裏。另外還寫了一篇《汪氏》收入此書，引用了汪姓藝人唱《楊家將》，也有愛國主義思想。可見學寫開篇，不經過實踐，是不會感到困難的。我更相信『實踐出真知』這句話了。」〔註135〕

　　從中可以看出，彈詞的文人作者，已經清楚的意識到彈詞案頭寫作與書場彈詞之間的區別，而他們也在努力消除這一隔閡，這主要表現在他們在具體創作中越來越注重彈詞的韻律以及與書場的密切聯繫中。

〔註134〕聞炎記錄整理，《回顧三、四十年代蘇州評彈歷史——座談會發言摘要》，《評彈藝術》第 6 集，中國曲藝出版社 1986 年版，248～249 頁。

〔註135〕趙景深，《曲藝叢談》，中國曲藝出版社 1982 版，292～293 頁。

第三章　晚清民國女作家彈詞研究

　　女作家彈詞是指女作家創作的彈詞文本，女作家彈詞在明清時期非常繁盛，並形成一定的敘事傳統。〔註1〕女作家們熱衷於書寫主人公女扮男裝，成就一番事業之後便恢復女裝，與未婚夫完婚，然後相夫教子的故事，以此來展現自己的才能，抒發自身的情懷，思考女性自身的生存境況。隨著時局的改變，晚清民國的彈詞女作家們在爲「女子張目」的同時，也以自己的方式書寫著對家國未來的思考，在內容以及表達的側重點方面也已有所改變。如周穎芳成書於光緒二十一年（1895）的《精忠傳》主要描寫了愛國將領岳飛的一生，聯繫作者的經歷及所處的時代，不難發現其隱喻意義明顯；彭靚娟的《四雲亭》出版於清光緒二十五年（1899），作品以晚明爲背景，描寫了明

〔註1〕胡曉眞指出：「女性彈詞小說在清代是一個重要的文學傳統，代表性的作品有一些共通的特點，……首先，彈詞演出雖是通俗說唱，但女性彈詞小說則多出於閨秀之手，以詩才寫入彈詞，故文詞常以藻麗爲長，至少也能於淺顯中見典雅。第二，作者於歸職閒暇時創作小說，少則二、三年，多則歷經一、二十年，方能完成一部作品，而且都是動輒百萬言，篇幅極爲宏大。作者在此一漫長的創作過程中，逐漸將作品的完成視爲自己一生最大的成就。第三，作者在創作過程中，手稿往往已開始在若干閨閣之間傳抄。至於全書的出版，則或在作者生前，或在身後。最後，這些彈詞小說在內容上多半誇張表現女性的才智德能，常常利用女扮男裝成功立業的情節，以爲『女子張目』，而在風格上則不憚鋪敘，極盡細膩之能事。」胡曉眞，《閨情、革命與市場：由民初彈詞小說家姜映清談起》，羅久蓉、呂妙芳主編，《無聲之聲（III）：近代中國的婦女與文化（1600～1950）》，中央研究所近代史研究所 2003 年版，104～105 頁。

朝迴天無力，最終滅亡的故事，全書籠罩著末世的悲涼感。〔註2〕之後，隨著環境的進一步改變，出現了秋瑾宣揚革命的彈詞《精衛石》，以及姜映清向男作家彈詞的審美及市場運作靠攏的作品《風流罪人》，還有在文學大眾化背景下出版的《杜鵑血》。本章力圖對女作家彈詞在這一階段所展現出來的獨特魅力以及其最終衰落的原因作一些初步探討。

第一節　晚清民國女作家彈詞概況

　　根據譚正璧、鮑震培、盛志梅等人的整理和考證，以及晚清民國期刊上的一些作品可知，從明末到民國，作者確定以及可能為女作家所寫的彈詞，大約有三十餘部。如《玉釧緣》、《天雨花》、《安邦志》、《定國志》、《鳳凰山》、《再生緣》、《錦上花》、《再造天》、《三生石》、《赤玉蓮花》、《晝錦堂記》、《筆生花》、《夢影緣》、《榴花夢》、《金魚緣》、《群英傳》、《子虛記》、《中秋記》、《鏡中夢》、《九仙枕》、《雙魚佩》、《精忠傳》、《英雄譜》、《鳳雙飛》、《四雲亭》、《俠女群英史》、《精衛石》、《玉鏡台》、《風流罪人》、《杜鵑血》等。女作家姓氏可考的有陳端生、梁德繩、侯芝、黃小琴、朱素仙、邱心如、鄭澹若、汪藕裳、李桂玉、孫德英、陳謙淑、曹湘蒲、周穎芳、程蕙英、彭靚娟、秋瑾、姜映清、吳絳珠、張萊蓀等。

　　明清時期的女作家彈詞，從其所關注的命題來看，主要可以分為兩大類：一類是對歷史政治的思考，這類作品側重對國事的探討。一類是對自身的關懷，這類女作家側重對自身生存環境的探討；當然這兩類彈詞作品在具體描述時並非截然分開，只是各有側重而已。

　　首先，歷史題材類彈詞。彈詞女作家們通過這類作品的寫作，表達她們對歷史、政治獨特的感悟。《安邦志》、《定國志》、《鳳凰山》描寫了趙匡胤一家歷經唐代興衰的故事，是情節連貫的寫史彈詞三部曲。與歷史演義小說主要寫英雄事業為主不同，寫史彈詞在大的歷史演變框架下，更多的是對家庭生活的描寫。而《天雨花》則是女作家彈詞的代表作品之一，影響深遠，全書共三十回，九十多萬字，自成書以來擁有廣泛的讀者並被改編成多種戲曲。

〔註2〕詳細的論述可見胡曉真，《才女徹夜未眠——近代中國女性敘事文學的興起》，北京大學出版社 2008 年版，219～263 頁。胡曉真，《秩序追求與末世恐懼——由彈詞小說〈四雲亭〉看晚清上海婦女的時代意識》，《近代中國婦女史研究近》2000 年第 8 期，89～128 頁。

清人楊芳燦在《閨媛叢談》中曾說：「南花北夢，江西九種」，〔註3〕「南花」
指《天雨花》，「北夢」指《紅樓夢》，「江西九種」指蔣士銓的九種曲。楊芳
燦將《天雨花》與《紅樓夢》以及蔣士銓的戲曲相提並論，可見這部彈詞在
當時讀者心中的重要地位。《天雨花》以明末黨爭爲創作背景，以左維明一家
爲中心展開敘事，藝術再現了當時梃擊、紅丸、移宮三大案等歷史事件，正
如序中所說：「《天雨花》何爲作也？憫倫紀之棼亂，思得其人以扶倫立紀，
而使頑石點頭也。」〔註4〕作品具有鮮明的歷史與政治關懷傾向。

　　其次，自身關懷類彈詞。這類作品大多以女扮男裝爲主要故事情節，思
考女性自身的生存境況。因此她們的作品呈現出一種相似的主題：女子才貌
出眾，往往女扮男裝大展才能。男子不僅文武雙全，更是風度翩翩的至誠情
種。作品主要在一個大的歷史背景下寫男女婚姻故事，中間夾以一些政治鬥
爭及戰爭場面，如男女主人公都是神仙下凡，已有婚約在身，但是由於種種
原因，或父母爲其另行婚配，或遇兵亂與家人走散，或是權臣搶親，更有甚
者，或爲皇帝選宮女等等，總之已有婚約在身的女主人公，爲了從一而終不
得已而選擇男裝出走，之後憑著自己的聰明才智一舉博得功名而成爲高官，
並且文治武功樣樣精通，她們的才能不亞於她們的丈夫甚至往往高於他們。
最後她們在取得種種功績，如剷除姦臣、擊敗入侵者或平定叛亂後，身份被
人識破，奉旨完婚。在這些作家的筆下，女性形象光輝照人，並成爲全書眞
正的第一主角。女主人公女扮男裝，更是這一類彈詞文本的標誌性模式。她
們的作品往往多達幾百萬字，充分彰顯了女子的才情。她們筆下的女性經常
女扮男裝幹大事業。

　　女作家們渴望與男性一樣施展才華、建功立業、傳名千秋。但現實使她
們只能通過作品中女扮男裝的人物來實現自己的夢想。彈詞女作家們用自己
的方式關注著女性的婚姻、家庭以及與政治的關係。彈詞名作《再生緣》是
有感於《玉釧緣》而作，而《再造天》與《筆生花》是彈詞女作家們深感《再
生緣》的「驚世駭俗」而作出的或激烈或溫和的閱讀反映。胡曉眞在其博士
畢業論文 "Literary Tanci：A Woman's Tradition of Narrative in Verse" 中通過這

〔註3〕轉引自陳寅恪，《論〈再生緣〉》，《寒柳堂集》，上海古籍出版社 1980 年版，8
　　　頁。
〔註4〕（清）陶貞懷著，趙景深主編，李平編校，《天雨花》，中州古籍出版社 1984
　　　年版，序 1 頁。

幾部作品的研究描繪了女作家彈詞這一敘事傳統的建立與演變，也藉此說明了當時女子閱讀與創作的特點。

彈詞文學發展到晚清，依然有不少作品延續這一傳統，如《金魚緣》、《子虛記》、《雙魚佩》等。這些作品的主要內容並無太多新意，但對結局已出現不同的處理方式。

《金魚緣》，作者孫德英，同治二年（1863）至七年（1868），歷時六年完成，其嫂鈕如媛所作的《金魚緣‧序》中稱其「好書好靜，天資明敏，迥與人異。每於針黹之暇，手不釋卷。凡經史諸子，以及異書雜傳，無不博覽記誦。閒談遠近故事，終始靡遺，聽者皆無倦色……其欲奉親終老，不願適字之意，雖未明言，余於詞章談論中早窺測焉……自此幽居斗室，屏絕人事，或誦金剛經而參悟，或書往事而編纂。」〔註5〕由此可知，作者天資聰明，但終身未嫁。這部作品的內容與《再生緣》式的彈詞並無多大區別：因身為宰相的父親受姦臣誣陷，在被抄家之際，錢淑容易裝出逃改名竺雲屏，此後中狀元，鋤奸救國，全家團聚。不過也許受作者自身境況的影響，書中的錢淑容功成名就後，一再躲過未婚夫的試探，終身未復裝，與以竺雲屏身份所娶的妻子李玉娥終老。除此之外，作者還希望世人消除重男輕女的偏見。她在書中第一回這樣寫道：「兒女由來是一般，應無憎愛兩心腸。奇則奇，世間多少愁生女，怪則怪，人意惟思獨養男。」於是她創作了這樣一部為「女子張目」的彈詞。

《子虛記》〔註6〕，六十四回，作者汪藕裳，號都梁女史，清安徽盱眙人。作品也描寫了女主角趙湘仙女扮男裝，封王拜相的奇特經歷，但與之前女作家彈詞中復裝完婚的結局不同，趙湘仙絕食而亡，臨死之前還上書皇帝，要求與未婚夫解除婚約。這樣的安排，與《金魚緣》中的女主角終生不復裝一起，為傳統女作家彈詞設計出了新的結局。

《雙魚佩》，六卷三十二回，作者泰州曹楚卿，「性至孝，工詩。年二十一卒。」〔註7〕《雙魚佩》是她去世後，其兄梓雲退居鄉里「於澆花洗竹之餘，檢點殘篋，得楚卿《雙魚佩》七言小說遺稿數冊。」梓雲不忍埋沒妹妹的心

〔註5〕（清）凌雲仙子撰（孫德英），《繪圖金魚緣全傳》二十卷，同治十年辛未（1871）吳小嫏、鈕如媛序，光緒二十九年癸卯（1903）上海書局石印，10冊。

〔註6〕（清）汪藕裳著，《子虛記》六十四回，光緒二十七年辛丑（1901）世界繁華報館校刊本，鉛印，6冊。

〔註7〕胡文楷，《歷代婦女著作考》，上海古籍出版社1985年版，538頁。

血，託書商王春榮出版。我們從 1913 年王榮春的序中可以看到她的生平：「曹女士諱湘蒲，字楚卿，泰縣前清廉貢生雲漢先生之女公子也。母趙氏，爲海陵漁亭先生趙瑜公四女，夙負才名，博通經史。楚卿既嫻庭訓，又承母教，十三歲文章詞賦，靡不能爲，諸子百家，尤能略有見地。一閱六歲，年已十九矣，復著有《醫學新理》、《命理眞銓》諸書，惟《繡餘吟草》已付梓行世，餘正待梓，惜天奪其算，不果於行，悲哉！」〔註8〕《雙魚佩》寫明英宗時，元帥陳俊林之女素蓮已有婚約，爲躲避宰相鄭錦之子鄭璧的逼婚，在男裝出逃，經過一系列「冒險」故事之後，與未婚夫團聚的故事。與之前的女作家彈詞相比，更多的是繼承了傳統，並無多大的突破。

　　然而，時代變局畢竟會被女子感應，從而反映到她們的作品中，坐月吹笙樓主人在爲《娛萱草》所作的序文中就曾清晰的概括出女作家彈詞的轉變脈絡：

> 自彈詞作，非旖旎之情弗道也。雖有新腔附庸風雅，聆其聲律，皆管絃冶蕩之音，體卑而語俚，士君子僉以俳優斥之，遂不入於著作之林。然而世傳《來生福》、《集芳園》、《筆生花》諸作，麗句清辭，使人易入，故好之者終弗棄也。攷其著者，出於閨秀居多。昔鄭澹若夫人，撰《夢影緣》，華縟相尚，造語獨工，彈詞之體，爲之一變。逮吾嫂惠風氏演述宋岳忠武事，撰《精忠傳》，盡洗穠豔之習，直抒其忠肝義膽，雖亦彈詞。而體又一變也。〔註9〕

　　文中提到的《夢影緣》，作者鄭貞華，字澹若。全書四十八回，約八十萬字，有道光二十三年（1843）自序，王蘊章《然脂餘韻》卷三云：「澹若女史，爲夢白中丞之女公子，著有《綠飲樓集》。」〔註10〕李樞在爲其女周穎芳所作的《精忠傳・序》中有云：「咸豐庚申（1860）杭垣失守，母氏鄭澹若太君飲鹵以殉。」〔註11〕《夢影緣》寫宋朝時，羅浮仙君與十二花神下凡的故事，與傳統女作家彈詞不同，這部作品不再是女扮男裝、封王拜相的故事情節，十二花神在下界的命運坎坷，全書氛圍淒冷，因此坐月吹笙樓主人在爲《娛萱草》作序時稱其使「彈詞之體，爲之一變。」譚正璧也對《夢影緣》評價

〔註8〕（清）泰州曹楚卿女士撰，《新編繡像雙魚佩》六卷三十二回，1914 年上海石竹山房石印本，6 冊。

〔註9〕（清）橘道人，《娛萱草彈詞》，商務印書館 1931 年版，序 3 頁。

〔註10〕譚正璧、譚尋，《彈詞敘錄》，上海古籍出版社 1981 年版，260 頁。

〔註11〕（清）周穎芳，《精忠傳彈詞》，商務印書館 1931 年版，序 1 頁。

很高，認爲它「酸冷似不食人間煙火」，〔註12〕是清代女作家彈詞中的「雞中之鶴」。

《精忠傳》，三十六卷，七十三回，作者周穎芳，字惠風，鄭澹若之女。周穎芳的丈夫嚴叔和，於同治乙丑（1865）在剿「苗匪」的過程中犧牲，周穎芳「舍生不遂，乃奉君姑，並攜六月孤兒，伴梓回浙。」李榀在《精忠傳·序》中寫她「自此含冰茹蘗之中，惟曲盡其事長撫雛之責矣……此書之成自同治戊辰至光緒乙未，二十八年中或作或輟，風雨蓬廬，消遣窮愁幾許！不意此書告成之日，即爲太夫人仙去之年！」〔註13〕《精忠傳》寫民族英雄岳飛的故事，由於創作的時間處於清政府內憂外患之際，因此「使得表面單純的忠勇故事有了多重詮釋的可能。」〔註14〕這部作品直承《天雨花》關注國家命運的傳統，被認爲「盡洗穠豔之習，直抒其忠肝義膽，雖亦彈詞。而體又一變也。」

19世紀末，清政府更加內憂外患，汲汲可危。此時的女作家們不再委婉描述，而是直陳時弊，於是便出現了更多有違傳統的驚世駭俗之作。

《鳳雙飛》，五十二卷五十二回，一百多萬字，作者程蕙英，光緒二十四年（1898）出版。關於作者，蔣瑞藻《小說考證》卷七引《缺名筆記》云：「陽湖程蕙英莅儔，著有《北窗吟稿》。家貧，爲女塾師。曾作《鳳雙飛》彈詞，才氣橫溢，紙貴一時。其所爲詩，純乎閱世之言，亦非尋常閨秀所能。」〔註15〕她在《自題〈鳳雙飛〉後寄楊香畹》中云：「半生心跡向誰論，願借霜毫說與君：未必笑啼皆中節，敢言怒罵亦成文。驚天事業三秋夢，動地悲歡一片雲。開卷但供知己玩，任教俗輩耳無聞。」〔註16〕

作品主要寫兩大主人公郭淩雲與張逸少非同一般的友情。淩雲剛直，逸少風流，二人均英俊聰慧，膽識過人，雖然性格有別，但情同手足，世人有「雙鳳齊飛」之譽，因此書名爲《鳳雙飛》。全書以明代中葉爲時代背景，圍繞描寫了郭、張二人的成長經歷，包括他們的愛情和事業。其間揭露了官僚的擅權舞弊，宦官的弄權干政，國家內憂外患的動亂政局。雖然這部彈詞作

〔註12〕譚正璧，《中國女性文學史話》，百花文藝出版社1984年版，446頁。
〔註13〕（清）周穎芳，《精忠傳彈詞》，商務印書館1931年版，序1頁。
〔註14〕胡曉眞，《才女徹夜未眠——近代中國女性敘事文學的興起》，北京大學出版社2008年版，239頁。
〔註15〕蔣瑞藻，《小說考證》，商務印書館1935年版，182頁。
〔註16〕鄧之誠，《骨董瑣記》卷五，中國書店1991年版，153頁。

品與其他女作家彈詞一樣也爲女子張目，便更多的體現了對女作家彈詞寫作模式的創新。在才子佳人故事的框架下，多方面描寫同性之間超乎一般的情誼，是《鳳雙飛》在思想內容上的最大特點，被視爲晚清女作家彈詞又一次扭轉傳統的嘗試，也使得它成爲中國近代文學史上一部獨一無二的彈詞作品。作者還借書中人物山琪花大膽表達出她對清政府現狀的不滿：「可笑咱大中華，許多文武官將，一個個藏頭縮頸，也沒有一個敢來恢復州城。這便是中國的鬚眉、婦人，反被外邦的巾幗、英豪所笑了。」〔註17〕對於《鳳雙飛》的藝術成就，瑞芝室主人在其所作序言中這樣評價道：「構思運筆，脫盡窠臼。其敷陳治亂而不悖於掌故，敘述忠孝而不流於迂疏；鋪張武略而不涉於誇誕；偶志奸邪而不傷於穢瀆。理必確切，言必雅馴。宜風宜雅，亦莊亦諧。誠非裨乘野史，壞人心術者可同日語也」。〔註18〕鄧之誠《骨董瑣記》卷五《鳳雙飛》條，更稱其「結構遣詞，遠在《天雨花》、《再生緣》之上。」〔註19〕

《四雲亭》〔註20〕，全書共二十四回，作者彭靚娟，四川人。作品於光緒二十三年（1897）末至光緒二十四年（1898）初完成，此時她居住於上海。蜀西紉秋女士曾題詞曰：「亭亭夢雲館，纖纖彼姝子。拈毫自寫照，風雨生十指……百日便脫稿，亦何速乃爾」。作者用百餘日便完成了以往彈詞女作家可能要歷時幾十年才能完成的長篇彈詞，這不僅歸功於作者的才情，從中也可以看出，時代變化對彈詞創作的影響。

《四雲亭》以明末天啓、崇禎年間爲背景，故事分爲兩部分，前半部分寫楊繼龍與妻子雲素、雲翠、雲佩、雲鳳同姦臣鬥爭，在擁立崇禎皇帝即位後，功成歸隱的故事。後半部分寫崇禎十五年，烽煙四起，楊繼龍應詔出山，但由於天命不可違，沒能挽回頹勢，眼見崇禎帝自縊，清兵入關的局面，楊繼龍攜家眷隱居海島，一切都風流雲散，全書到此終結。從全書的謀篇布局可知，作者對所處的時局有著敏銳的感知，並將悲傷的情緒帶入了創作。

二十世紀初，在維新與革命的啓蒙下，女權意識被廣泛宣揚。這一時期

〔註17〕（清）程蕙英著，林岩、黃燕生、李薇、蕭蘊如校點，《新編鳳雙飛》，人民文學出版社 1996 年版，600 頁。

〔註18〕（清）程蕙英著，林岩、黃燕生、李薇、蕭蘊如校點，《新編鳳雙飛》，人民文學出版社 1996 年版，序 1 頁。

〔註19〕鄧之誠，《骨董瑣記》卷五，中國書店 1991 年版，153 頁。

〔註20〕（清）蜀東浣雪樓主寄雲女史彭靚娟輯，倩雲女史鑒定，《繪圖繡像四雲亭新書全傳》二十四卷二十四回，光緒二十五年己亥（1899）鉛印，8 冊。

的彈詞文本被賦予了警醒國民、喚醒女界、移風易俗的使命，因此在內容和形式上都有了新的發展。從原來主要書寫歷史故事，達到以古喻今，以史為鏡的目的，轉而直接描寫時事，新事物，新思想湧入彈詞，如鼓勵女子廢纏足、走出家門、上學堂、爭取婚姻自主、參政甚至革命，從而達到宣傳教化、喚醒國人的目的。

《俠女群英史》四十回，光緒三十一年（1905）排印本，八冊。卷首題湘州女史詠蘭、友梅、書竹著。邗江心庵氏在為《俠女群英史》所寫的序言中也大談女權：

> 中國無女權，故女子為最卑弱，即或有光明磊落，志趣不凡者，亦狃於閨閣之瑣屑，習俗之相沿，而不可革。是必立一說以挽回卑弱之習，使天下女子足以鼓盪其心胸，活潑其心志，而中國之女權乃出。然中國風氣半多不講女學，間有粗通文墨，亦不過能讀盲詞小說而已。欲振興女權，亦仍以七字小說開導之，似覺淺近而易明，如《俠女群英史》一書，其關係非輕矣。其間寫忠孝節義，寫悲歡離合，無不曲盡其妙，大旨謂天壤間無論男婦老幼均期於光明正大而後已。而於女子自主之權力為尤重，是書之成亦良苦矣。是書為友梅大姨、書竹三姨及內子泳蘭三人合作，以閨閣之餘閒，博高堂之歡笑。三人均博通經史，長於吟詠，故書中詩詞歌賦，亦能追步前人，其命意遣詞，俱甚深遠。曰「俠女」，曰「群英」者，欲兒女英雄兼而有之之意。以女子一生幽囚閨閣中，眼界之小，心境之窄，無怪其瑣瑣屑屑，卑弱而不可振。恨不此身曠覽五洲，標名萬古，為女權中之特色，故其志趣，得於是書見之。夫有其志而無其事，事至而志成之；有其事而無其志，志小而事所以不成也。吾知是書之出，天下之有志者，不獨女子可以振興，即中國少年志士，偶一披覽，當亦奮益加奮。何也？巾幗且然，而何況於鬚眉！將來民族之振興，未可限量；英雄豪傑，吾將拭目俟之。是書亦開導風氣之意歟！聞全書將欲付梓，開雕而索敍於親。爰不揣冒昧，略記數言於簡端，閨閣中有同志者當深以為然。
>
> 光緒乙巳年花期日邗江心庵氏識。〔註21〕

〔註21〕（清）心庵氏，《俠女群英史·序》，見譚正璧，《評彈通考》，中國曲藝出版社1985年版，262頁。

　　《俠女群英史》由三位才女合著而成，在繼承女作家彈詞舊有敘事模式的同時，也加入了不少新的內容，如鼓勵女子接受教育，在救國救民的同時也注重個人幸福的追求。這與這一時期女權意識的高漲緊密相聯。而真正高舉女權大旗的則是秋瑾宣揚革命的彈詞《精衛石》。

第二節　《精衛石》：宣揚革命的彈詞

　　《精衛石》，作者秋瑾（1875～1907），祖籍浙江山陰。她生性豪邁，文武雙全。清光緒二十年（1894），她被父親秋信候許配給王廷鈞為妻。光緒二十二年（1896），兩人結婚，但婚姻並不幸福。於是接觸過新思想的秋瑾，在光緒三十年（1904）離開舊家庭，遠赴日本求學，這一舉動成就了其傳奇的一生。秋瑾此後積極投身於革命，於光緒三十三年（1907）被捕就義。

一、《精衛石》的主要內容

　　《精衛石》是一部具有自傳色彩的彈詞，秋瑾希望通過創作女性喜愛的彈詞達到喚醒女界的目的，使婦女能為改變自身及國家命運而奮鬥。在秋瑾原來的計劃中《精衛石》有二十回，她在日本寫了三回，光緒三十二年（1906）回國後又寫了第四、第五回，現可見第一回到第五回和第六回的殘稿。

　　作品共分二十回，回目如下：

第一回「睡國昏昏婦女痛埋黑闇獄，覺天炯炯英雌齊下白雲鄉」；

第二回「恨海迷津黃鞠瑞出世，香閨繡閣梁小玉含悲」；

第三回「施壓制婚姻由父母，削平權兄妹起葁菲」；

第四回「怨煞女兒身通宵不寐，悲談社會習四美傷心」；

第五回「美雨歐風頓起沈疴宿疾，發聲振聵造成兒女英雄」；

第六回「擺脫範圍雄心遊海島，忿諸暴虐志士倡壯謀」；

第七回「發宏願女兒成俠客，潑醋海悍母教頑兒」；

第八回「鬧閨閫吞聲徒飲泣，開學校鼓舌放謠言」；

第九回「謝競雲一破從前積習，秦國英初聞革命風潮」；

第十回「諸志士大開議會，一女子獨肩巨任」；

第十一回「盛倡自由權黃競雄遍遊內地，大開工藝廠蘇挽瀾盡拯同胞」；

第十二回「青眼遭逢散財百萬，赤心共誓聚客三千」；

第十三回「天足女習兵式體操，熱心士揚獨立旌旗」；

第十四回「傳來海島神皆往，話到全球石亦驚」；

第十五回「義旗指處人心暢，捷報飛來大道伸」；

第十六回「拔劍從軍男兒編義勇，投盾叱帥女子顯英雄」；

第十七回「酒色情牽假志士徒誇大話，慈航普渡菩薩費盡婆心」；

第十八回「姊妹散家資義助赤十字，弟兄衝炮火勇破白三旗」；

第十九回「立漢幟胡人齊喪膽，復土地華國大揚眉」；

第二十回「拍手凱歌中共欣光復，同心革弊政大建共和」。

結合《精衛石》現存部分及其作品全部回目，我們可以知道，這部作品主要寫主人公黃鞠瑞與閨中女友梁小玉等擺脫封建家庭，留學日本，投身於民主革命運動，尋求女性人格獨立，擔負起救亡圖存責任的故事。當時許多革命者都被秋瑾寫入彈詞，其自身的經歷就與女主人公黃鞠瑞相類。

二、《精衛石》對女作家彈詞傳統的繼承

《精衛石》延續了女作家寫作彈詞的傳統模式。首先，秋瑾在第一回中用傳統彈詞的敘事模式設計了一段神仙下凡的結構。秋瑾在彈詞中描述了一個華胥國，用來影射當時的中國：「卻說東方有個華胥國。到如今也記不起有多少年數了，祇曉得國王姓黃，尊為漢皇，是一統傳下來的。……誰知後來的子孫，生性好睡，弄到一代重一代，竟有常常睡著不曉得醒的；並且會不知不覺睡死了的時候都有，龍位往往為外人偷去，坐了他國人尚不知道的。這是什麼緣故呢？卻不知這朝內外的臣子，都有個糊塗病，並且生一對極近的近視眼，所以外人篡了位去，尚是天天磕頭稱『皇上英明神武，深仁厚澤，食毛踐土，天高地厚』的話，搖尾獻媚，……」〔註22〕

為了改變華胥國混沌落後的現狀，上界的王母派岳飛、文天祥、謝枋得、韓世忠、陸秀夫、李綱、鄭成功、史可法、張煌言等忠臣名將，與花木蘭、謝道韞、黃崇嘏、梁紅玉、秦良玉、沈雲英、齊王氏和唐賽兒等巾幗英雄下凡：「差遣爾等非為別，大家整頓舊江山。掃盡胡氛安社稷，由來男女要平權。人權天賦原無別，男女還須一例擔。女的是生前未展胸中志，此去好各繼前心世界間。務使光明新世界，休教那毒氛怨氣再迷漫。男的是胡虜未滅遺恨在，今番好去報前冤。男和女同心協力方為美，四萬萬男女無分彼此焉。喚

〔註22〕（清）秋瑾，《精衛石》，阿英，《晚清文學叢鈔‧說唱文學卷》，中華書局1960年版，595頁。

醒癡聾光睡國，和衷共濟勿畏難。錦繡江山須整頓，休使那胡塵腥臊滿中原。」
〔註23〕希望他們能喚醒沉睡的國度，爭取男女平權，改造中華。

　　其次、《精衛石》還繼承了女性的敘事傳統，在正文之前有自敘傳式的描寫。秋瑾在第一回的正文前有這樣的描述：「愛國情深意欲癡，偶從燈下譜彈詞。已教時局如斯急，無奈同胞懵不知。……托跡扶桑空憤憤，挽營家國恨遲遲。……無可奈，且待時，執筆填成精衛詞，以供有心諸姊妹，茶餘燈下一評之。」〔註24〕在第二回中這樣寫道：「剪剪輕風陣陣寒。東瀛景物感千端。回憐祖國危如卵，未有英雄挽世艱。感觸太多難習課，燈前提筆續前談。」〔註25〕第三回的正文前為：「海外風波日逼人，回頭祖國更傷心。臨門大禍猶鼾睡，萬叫千呼終不應。」〔註26〕第四回的正文前寫道：「風潮驀地起扶桑，爭約歸來氣未降。寄語同心諸志士，一腔熱血總難涼。偶留湖地為授教，課餘偷暇再開場。」〔註27〕在第五回中為：「中華黑闇數千年，女子全無尺寸權；今日辟開男女界，舞台飛上振螺環。」〔註28〕第六回的正文前這樣寫道：「兀坐閑窗百感生，救時奮志屬何人？樽前髀肉徒興歎，肘後剛刀術未靈。腸斷英雄閒裏老，情傷故國魂難禁。傷心萬斛汪洋淚，幾度臨風恨不平。」〔註29〕從這些文字中，我們不僅可以知道她創作時的周遭環境，研究者還從這些描寫中考證出她創作此篇彈詞的大體時間。

　　《精衛石》在敘述過程中還繼承了女作家彈詞最常用的女扮男裝，處處為女子張目的套路，書中女主人公黃鞠瑞在文中有一段將歷史上的投降男子與女英雄對比的話語，兩者高下立見，令女性揚眉吐氣：

〔註23〕（清）秋瑾，《精衛石》，阿英，《晚清文學叢鈔・說唱文學卷》，中華書局1960年版，601頁。
〔註24〕（清）秋瑾，《精衛石》，阿英，《晚清文學叢鈔・說唱文學卷》，中華書局1960年版，595頁。
〔註25〕（清）秋瑾，《精衛石》，阿英，《晚清文學叢鈔・說唱文學卷》，中華書局1960年版，603頁。
〔註26〕（清）秋瑾，《精衛石》，阿英，《晚清文學叢鈔・說唱文學卷》，中華書局1960年版，610頁。
〔註27〕（清）秋瑾，《精衛石》，阿英，《晚清文學叢鈔・說唱文學卷》，中華書局1960年版，617～618頁。
〔註28〕（清）秋瑾，《精衛石》，阿英，《晚清文學叢鈔・說唱文學卷》，中華書局1960年版，625頁。
〔註29〕（清）秋瑾，《精衛石》，阿英，《晚清文學叢鈔・說唱文學卷》，中華書局1960年版，90頁。

　　　見那般，縮頭無恥諸男子，反不及，昂昂女子焉。如古來，

　　奇才勇女無其數，紅玉荀灌與木蘭，明末雲英秦良玉，百戰軍前法

　　律嚴。虜盜聞名皆喪膽，毅力忠肝獨占先。投降獻地都是男兒做，

　　羞殺鬚眉作漢奸。如斯比譬男和女，無恥無羞最是男。〔註30〕

　　《精衛石》整篇彈詞的神仙結構，以及對女作家彈詞敘事模式及其相關
元素如女扮男裝、為女子張目等的延續，都說明秋瑾對女作家彈詞的傳統有
所繼承。

三、《精衛石》對傳統題材的突破

　　傳統女作家彈詞往往以女扮男裝來實現女子的自身價值。而隨著時間的
推移，當接觸到新思想的進步女性意識到國家民族所面臨的巨大危險時，她
們創作的作品也從自身轉向社會。《精衛石》創作的目的，就是希望女性同胞
能夠自強，投入到救亡圖存的愛國運動中去。它的創作主旨作者在序言中寫
得很明白：

　　　愛國情深意欲癡，偶從燈下譜彈詞。已教時局如斯急，無奈

　　同胞懵不知。歎從前幾多志士拋生命；亦祗欲恢復江山死不辭。更

　　有一班徒好虛名者，自命非凡妄驕侈：假肝膽，方見壇前誇義勇；

　　真面目，已聞花下擁妖姬，保賞舉人威赫赫，欽加主事笑嬉嬉……

　　作時髦，志士雄才稱革命；趨大老，奴才走狗也遵依！……不念祖

　　宗同一脈，甘為虎倀戕連枝。徒勞志士心如火，可奈同胞蠢似豕！

　　托跡扶桑空憤憤，挽營家國恨遲遲。算吾身，亦是國民一份子，豈

　　堪坐視責難辭。無奈是志量徒雄生趣窄；然而亦壯懷未肯讓鬚眉。

　　博浪有椎懷勇士，搏沙無計哭男兒。又苦是我國素來稱黑闇，俠女

　　兒有志力難為。無可奈，且待時，執筆填成精衛詞，以供有心諸姊

　　妹，茶餘燈下一評之。〔註31〕

　　秋瑾有感於同胞的不警醒，於是創作這部彈詞，希望可以達到啟蒙思想
的作用。從她將這部彈詞取名為「精衛石」，就可以看出她的決心。《精衛石》
的出現，標誌著女作家彈詞在「振興女權」這一方面又邁出了一大步。

〔註30〕（清）秋瑾，《精衛石》，阿英，《晚清文學叢鈔・說唱文學卷》，中華書局 1960
　　　年版，609 頁。

〔註31〕（清）秋瑾，《精衛石》，阿英，《晚清文學叢鈔・說唱文學卷》，中華書局 1960
　　　年版，595 頁。

　　《精衛石》認為男女的天職權利相同，「天生男女，四肢五官、才智見識、聰明勇力，俱是同的，天職權利，亦是同的。」因此呼籲女子要讀書，走出家門，改變受壓迫的現狀，並指出：「這些男人專會想些野蠻書籍、禮法，行些野蠻壓制手段來束縛女子，愚弄女子，說出『女子無才便是德』之話出來，欲使女子不讀書，一無知識，男子便可自尊自大的起來，竟把女子看得如男子的奴隸、牛馬一樣。」〔註 32〕她還一針見血的指出，女子要獲得自由，一定要經濟獨立，作者通過黃鞠瑞之口說道：「求得學問堪自食，手工工藝盡堪謀，教習學堂堪自養，經商執業亦不難籌。自活成時堪自立，女兒資格自然優。」〔註 33〕這不得不說非常有先見之明。

　　秋瑾通過作品描繪了女子受到的種種不公平待遇，如重男輕女，不准讀書，婚姻誤配等等。女主角黃鞠瑞，出身於浙江一個官宦之家，父親黃思華重男輕女，所以當鞠瑞出生時「丫環報喜主人曉，知府當時怒氣滋：『生個女兒何足道？也須這樣喜孜孜。無非是個賠錢貨，豈有榮宗耀祖時？』」〔註 34〕鞠瑞生性聰慧，於是兄長的老師俞竹坡也樂意教她，誰知父親卻說：「怎麼！鞠瑞也讀起書來了？女子無才便是德，何必讀什麼書？」〔註 35〕秋瑾借俞老師之口道出了讀書的重要性：「女科雖沒有，卻聽得要設女學堂了。表弟，你曾見過有一位廣東人，自稱什麼曼大忠臣的，不是上了條陳，要求施行新政麼？並且他的幫手極多，都叫甚麼飽狂黨耶。並且有好多維新的說道，國家養就人材，非學堂不可，須要普設學堂。女子為文明之母，家庭教育又非女子不可，男女學堂非並興不可。這樣看來，女學之設也就不遠了。還不如姪女讀些書，後來也不致落於人下，辜負他的才能知識呢！至小也可做個教習嚏。」〔註 36〕

　　鞠瑞十六歲時被許配給貌醜、人品更是惡劣的紈袴子弟苟才。只因他家有錢，父母便同意了這門親事。鞠瑞反對時，母親這樣教育她「自己休多管，

〔註 32〕（清）秋瑾，《精衛石》，阿英，《晚清文學叢鈔·說唱文學卷》，中華書局 1960 年版，596 頁。

〔註 33〕（清）秋瑾，《精衛石》，阿英，《晚清文學叢鈔·說唱文學卷》，中華書局 1960 年版，629 頁。

〔註 34〕（清）秋瑾，《精衛石》，阿英，《晚清文學叢鈔·說唱文學卷》，中華書局 1960 年版，604 頁。

〔註 35〕（清）秋瑾，《精衛石》，阿英，《晚清文學叢鈔·說唱文學卷》，中華書局 1960 年版，605～606 頁。

〔註 36〕（清）秋瑾，《精衛石》，阿英，《晚清文學叢鈔·說唱文學卷》，中華書局 1960 年版，606 頁。

作主還須父母親，豈有自己羞不怕，三從古禮豈無聞？」〔註37〕於是黃鞠瑞與姐妹商議，一起逃離了家庭，並東渡留學，從此有了不一樣的人生。她參加了光復會，走上救國救民的道路。留學歸來後，她創辦女校，與一眾女子練習兵操，在作者的構思中，作品將以「拍手凱歌中共欣光復，同心革弊政大建共和」〔註38〕作結尾。

四、《精衛石》受外來思想的影響

秋瑾在《精衛石》自序中如是說：

> 余處此過渡之時代，吸一線之文明，擺脫牢籠，擴充智識。每痛我女同胞，墜落黑闇地獄，如醉如夢，不識不知。雖有女學堂，而解來入校求學者，研究自由以擴張女權者，尚寥寥無幾。噫嘻乎怨哉！二萬萬姊妹，呻吟蜷伏於專制男兒之下，奄奄無復人氣，不知凡幾！鳴呼！尚日以搽脂抹粉，評頭束足。飾滿髻之金珠，衣週身之錦繡。脅肩諂笑，獻媚買歡於男子之前；呼牛亦應，呼馬亦應。作玩物而不知羞，為奴隸而不知恥，受萬鈞之壓制，百般之淩虐折辱而不知恨，衝羞憤激，脫離苦難。盲具雙目，不識一丁，懵懵然，恬恬然，安之曰：「命也」，「分也」，「無可奈何也」。積此癡頑，旁生孽障，遇有設女塾與工藝者，不思助我同胞，僅從傍聽癡男而摧折之。同類且相殘，害人還自害，女界不知如何了局矣。亦有富室嬌姿，貴家玉女，量珠盈斗，貯金滿簏，甘事無知之偶像，齋僧施尼以祈福。見同胞之女子，淪陷於泥犁之地獄而視若無覩，未聞一援手。鳴呼，是何心哉！余惑不解。沉思久之，恍然大悟曰，人類最靈，女流最慧，吾女界中，何地無女英雄及慈善家，及特別之人物乎？學界中，余不具論，因彼已受文明之熏陶也。僅就黑闇界中言之，亦豈隨無英傑乎？苦於智識未開，見聞未廣，雖有各種書籍，各種權利，各種幸福，苦文字不能索解，末由得門而入。窺女界無盡之藏，相與享受完全之功果也。余乃譜以彈詞，寫以俗語，逐層演出女子社會之惡習，

〔註37〕（清）秋瑾，《精衛石》，阿英，《晚清文學叢鈔·說唱文學卷》，中華書局 1960年版，613 頁。

〔註38〕（清）秋瑾，《精衛石》，阿英，《晚清文學叢鈔·說唱文學卷》，中華書局 1960年版，594 頁。

　　及一切痛苦恥辱。欲使讀者觸目驚心，爽然自失，奮然自振，務
　　使出黑闇而登文明，為我女界放大光明，脫離奴隸範圍，作自由
　　舞台之女英雄，女豪傑，繼羅蘭、馬尼他、蘇菲亞、批茶、如安
　　而興起焉。余願嘔心滴血以拜求之，祈余二萬萬女同胞，無負此
　　國民責任也。速振！速振！！余女界其速振！！！〔註39〕

　　在這裡，她有感於女同胞處於黑闇地獄而不知不覺，「雖有女學堂，而解
來入校求學者，研究自由以擴張女權者，尚寥寥無幾。」因此她寫作彈詞「欲
使讀者觸目驚心，爽然自失，奮然自振，務使出黑闇而登文明，為我女界放
大光明，脫離奴隸範圍，作自由舞台之女英雄，女豪傑，繼羅蘭、馬尼他、
蘇菲亞、批茶、如安而興起焉。」在這裡，秋瑾推崇「研究自由以擴張女權」，
並列舉了許多外國女英雄，這與她當時所處的時代不無關係。

　　晚清，有識之士在探索救亡圖存的道路時，認識到女子教育的重要性，
於是女校迅速發展，培養了一大批進步女性，而「19 世紀與 20 世紀之交，中
國女權運動進展很快，特別是 1903 年之後，隨著西方女權主義的介紹和中國
《女界鐘》的敲響，中國女權運動進入了一個新階段，提倡天足、興辦女學、
批判盲婚、主張男女平權、批判賢母良妻、做女國民、爭取參政權，成為 20
世紀最初二十年女權運動的中心話題。與此前不同的是，這時期女權運動的
主力已由戊戌變法時期的男性先覺者變成第一代知識女性。」〔註40〕

　　《精衛石》卷首的《改造漢宮春》中，也清楚表明秋瑾受此思潮的影響：
　　　　可憐女界無光彩，祗懨懨待斃，恨海愁城。湮沒木蘭壯膽，
　　紅玉雄心。驀地馳來，歐風美雨返精魂。脫範圍，奮然自拔，都成
　　女傑雌英。飛上舞台新世界，天教紅粉定神京。〔註41〕

　　秋瑾受「歐風美雨」的影響，在作品中塑造了一批與羅蘭、馬尼他、蘇
菲亞、批茶、如安相似的中國女性。她在彈詞中倡導男女平等，追求自由，
並描述了國外教育的先進性：「近日得觀歐美國，許多書說自由權，並言男女
皆平等，天賦無偏利與權。強國強種全靠女，家庭教育盡娘傳。女子並且能

〔註39〕（清）秋瑾，《精衛石》，阿英，《晚清文學叢鈔‧說唱文學卷》，中華書局 1960
　　　　年版，592 頁。
〔註40〕郭延禮，《20 世紀初女性政論作家群體的誕生》，《中國現代文學研究叢刊》
　　　　2009 年第 3 期，91 頁。
〔註41〕（清）秋瑾，《精衛石》，阿英，《晚清文學叢鈔‧說唱文學卷》，中華書局 1960
　　　　年版，593 頁。

自立，人人盛倡女之權。女英女傑知多少，男子猶且不及焉。學校皆同男子等，各般科學盡完全。不同我國但學經和史，彼國分門各有專：普通先學諸科目，再進高等學校間，大學專門諸學備，哲學理化學並然，工藝更加美術畫，師範工科農業完。般般學業非常盛，男和女競勝求精日究研，所以人人能自活，獨立精神似火燃。」〔註42〕秋瑾在作品中借助國外的新思想和外國女英雄，來喚醒本國婦女，她們的經歷鼓舞並激勵著國人，只要努力自強，終究會有出路。

第三節 《風流罪人》：女作家彈詞敘事傳統的改變

現可知姜映清創作的彈詞作品有《玉鏡台》、《風流罪人》、《映清女士彈詞開篇》。由這三部作品，我們可以清晰的看到女作家彈詞隨著時代的發展所產生的改變。關於她的生平，我們可以從其自序以及別人所寫的序言中一窺究竟。《風流罪人》卷首王鈍根的《序》中這樣寫道：

> 予友陳佐彤君之夫人姜映清女士，出身世家，少嫻詩禮，雅擅文章，秉性尤幽閒貞淑，故所作詩詞清婉，一如其人。歲辛亥，予爲《申報》創《自由談》，女士即以詩稿見報，間亦爲小說。予深致歡賞，亟爲刊布，讀者無不稱美。無何，女士偕陳君過訪，傾談之下，相見恨晚。自是往來漸頻，遂成通家之好。女士今年已四十許，陳君性耿介不合流俗，故其文愈工而境愈窮，女士弗以爲慍，荊釵布裙，不減唱隨之樂。予益欽佩女士之爲人，女士亦以予爲知己。予歷任《申報》、《新申報》、《商報》及《禮拜六》、《社會之花》諸雜誌編輯，女士無不以詩詞小說相助。及予輟筆就商，女士亦遂不復著作。年來執教鞭於民立女子中學，賢勞倍昔，且患手震，予不敢更強之作小說。而大陸圖書公司主人以女士所著《風流罪人》彈詞膾炙人口，多以《社會之花》分期排印，未窺全豹爲憾。因丐女士力疾足成三十二章，始得印行單本，以饜海內讀者之望。女士於小說最工彈詞，求之今日著作界，幾如鳳毛麟角，此篇之作，彌足珍也。大陸公司屬序於予，予維書中佳處，讀者自能領會，無待予之贅言，僅爲略述女士生平行誼如

〔註42〕（清）秋瑾，《精衛石》，阿英，《晚清文學叢鈔‧說唱文學卷》，中華書局 1960 年版，626 頁。

此，藉申景仰之誠云爾。

丙寅六月王晦鈍根甫識。〔註43〕

《映清女士彈詞開篇・自述》中如是說：

椿庭早謝戶蕭條，弟妹終鮮把子職挑。碌碌無奇權奉母，
效萊衣，此生愧乏報劬勞。喜只喜，北堂萱草春猶健，怎奈我難
把紅塵俗慮消。歸潁川，琴瑟調，添香伴讀每終宵。閨房靜好泯
詬誶，刻燭聯吟興倍豪。侍奉姑嫜多缺略，羹湯頻倩小姑庖。備
嘗艱苦何曾憚，勉強晨昏婦職操。又誰知，順境甫臨添逆境，長
男週歲玉樓招。悲傷愁緒情難遣，白髮高堂首自搔。且喜次兒身
苗壯，依依膝下慰無聊。感蒼天，來年更把明珠賜，果然是，一
樣聰明特地嬌。那知道，得失窮通天注定，庸醫耽誤又輕拋。曇
花變幻情難捨，半為傷心半積勞，簾捲西風人似菊，惟留素志傲
霜高。三飧頓減慽慽銳，抱病堂前慰寂寥。去歲又遭萱姜絕，背
人常自泣鮫綃。風蕭颯，雨飄飄，罔極深恩付去潮。設帳授徒非
得已，篝燈教子勉沖宵。且喜那，慈姑強飯兒夫健，便算蓬門幸
福叨，趁今朝，課館餘閒無別事，重翻舊韻譜新毫。世事炎涼細
細描。〔註44〕

王鈍根歷任《申報》、《新申報》、《商報》及《禮拜六》、《社會之花》
等雜誌的編輯，並為《申報》開闢副刊《自由談》。我們從他的序中可以知
道姜映清在1926年時有四十多歲，丈夫是陳佐彤，與王鈍根的淵源等。王
鈍根在為其《映清女士彈詞開篇》作序時又稱:「姜映清女士……才思敏贍，
雅擅詞章。遜清末造，上海始創女學，女士得風氣之先，學術淹貫中西，
而能維持舊道德，不以新潮流之浪漫為然，隱有砥柱中流之志。畢業後，
曾執教鞭於吾鄉之在明女校，一時老師宿儒，咸與之遊，宴會唱和無虛日，
名滿九峰三泖間。」〔註45〕從姜映清自述的「又誰知，順境甫臨添逆境，
長男周歲玉樓招。悲傷愁緒情難遣，白髮高堂首自搔。且喜次兒身苗壯，
依依膝下慰無聊。感蒼天，來年更把明珠賜，果然是，一樣聰明特地嬌。

〔註43〕王鈍根，《風流罪人・序》，見譚正璧，《評彈通考》，中國曲藝出版社1985年
版，155頁。
〔註44〕陳姜映清，《映清女士彈詞開篇》，家庭出版社1936年版，77～78頁。
〔註45〕陳姜映清，《映清女士彈詞開篇》，家庭出版社1936年版，序3頁。

那知道，得失窮通天注定，庸醫耽誤又輕拋」可知，她長子夭折，然後有了第二個兒子，還生了一個女兒，但女兒被庸醫所誤。她在授課之餘，譜寫彈詞。

一、《玉鏡台》與傳統女作家彈詞

《玉鏡台》，五回（未完），姜映清著，姚文枏序，於 1924 年由上海有威書室出版。據胡曉眞考證，《玉鏡台》屬於民國初年的作品〔註46〕，但作者在具體寫作中仍然延續著女作家的敘事傳統，創作的故事也依然在這一傳統中。作者在第一回開始詳細敘述了全書的主要內容，這在《映清女士彈詞開篇》中也有收錄：

> 幽齋靜坐太無聊，濁酒難將塊壘澆，萬卷詩書供寂寂，一簾風雨響瀟瀟，無邊雁字長天列，不斷蟲聲滿院驕，露滴秋花香茉莉，月移新綠上芭蕉，征人塞外驚涼信，閨婦樓頭嘆寂寥，貧富隨時皆可樂，這叫做，達人知命莫相嘲，居今思古情無限，有一個，年少英雄出處超，畫戟門開翻甲冑，繡袍風動映旌旄，榮華占盡人間福，金屋深藏眾阿嬌，妻是狀元夫宰相，恨他薄倖太情梟，孤負了，潛身易服多才女，可敬他，勁節清芬輔聖朝，五鳳樓，名姓標，九重天子擢英豪，三元連捷功名就，八斗咸欽學問高，提拔丈夫番書讀，刺心血，看將性命等鴻毛，風流天子私相慕，難得他，一點孤貞謹守牢，設計推辭回旨意，皇恩浩蕩日加高，萬分無奈來生約，復向人間走一遭，玉鏡台，奇跡細磨描。〔註47〕

據此，我們不難發現，這部書與《再生緣》的情節內容非常相似。譚正璧對《玉鏡台》有過專門討論，他認爲「在彈詞方面，映清的《玉鏡台》，卻做了結束過去女性彈詞的黃金時代的殿軍。」〔註48〕由此可見，姜映清在女作家彈詞創作脈絡中的重要地位。

《玉鏡台》只見一冊，究竟有沒有寫完，我們已無從知曉。「它的命運見證了以往閨秀曼吟長詠，抒寫情意、寄託心志的創作心態，在新的市場需求

〔註46〕詳細考證可見胡曉眞，《閨情、革命與市場：由民初彈詞小說家姜映清談起》，羅久蓉、呂妙芬主編，《無聲之聲（III）：近代中國的婦女與文化（1600～1950）》，中央研究院近代史研究所 2003 年版，101～135 頁。
〔註47〕陳姜映清，《映清女士彈詞開篇》，家庭出版社 1936 年版，118 頁。
〔註48〕譚正璧，《中國女性文學史》下冊，上海光明書局 1935 年版，507 頁。

以及傳播模式之下，必然不能繼續存在。」〔註49〕於是，姜映清轉而創作敘事以及發行模式與《玉鏡台》迥異的《風流罪人》。

二、《風流罪人》：女作家彈詞敘事傳統的改變

《風流罪人》，三十二回，七至九言聯目，有姜映清自序，王鈍根、劉豁公序，海上漱石生題詩，1926 年上海大陸圖書公司排印。《風流罪人》在正式出版前，於 1924 年至 1925 年在《社會之花》雜誌上分期刊載過，它講述了這樣一個故事：

杭州的沈古檀家中有母親趙氏和妹妹雪芬，父親在上海利泰莊工作。一次古檀外出遊玩，遇見賈曇花，對她一見鍾情，請汪三嫂前去提親，被曇花拒絕。恰逢沈古檀的父親生病，於是母子二人前往上海。古檀在上海與陸乃雲私通，回到杭州後卻繼續向曇花求婚，曇花怒拒。曇花的老師謝樸人介紹曾外出留學的甄超英與她認識，兩人談論學問很是投機，只是超英已經與洪清椒有婚約，超英愛慕曇花，向其求婚，曇花告知超英自己不願嫁人。

超英在母親的促成下與洪清椒結婚，移居上海。誰知清椒貌美，家富，喜歡豔妝出遊，超英見此情形更加思念曇花。後來清椒結識了富家子周紹文，常在旅館私會，終於趁超英生病時攜款逃匿，超英因此病情加重。此時，曇花從美國學醫歸來，改名賈雲文，在杭州成立惠英醫院。陸乃雲住院為古檀產下一子，卻被告知古檀在上海狂嫖濫賭，染上梅毒不治身亡，於是也被急死。曇花與超英相見，介紹同學陸道腴與超英結婚。超英從陸道腴那裡得知，當時曇花拒婚是因為他已經與洪清椒有婚約，所以出國學醫。陸道腴勸曇花與自己一起嫁給超英，曇花假作考慮，卻將醫院交付給老師謝樸人，不知所終。

《風流罪人》從以往彈詞敘述「金屋深藏眾阿嬌，妻是狀元夫宰相」的古代女子女扮男裝的故事，一躍來到現代，各種新思想，新事物撲面而來。作者在作品中討論新文學與舊文學，談論上海的經濟，描繪各種公共社交，女校的種種情形。涉及獨身主義，婚外情，人權，對國家貧弱的感慨等等。除了作品內容與以往女作家彈詞不同之外，它的敘事模式以及發行方式也與傳統的女作家彈詞有巨大的差異。

〔註49〕胡曉真，《閨情、革命與市場：由民初彈詞小說家姜映清談起》，羅久蓉、呂妙芳主編，《無聲之聲（III）：近代中國的婦女與文化（1600～1950）》，中央研究所近代史研究所 2003 年版，107 頁。

（一）敘事模式的改變

劉豁公在爲《風流罪人》寫的序言中，將這部彈詞與男作家的彈詞作品並舉：

> 彈詞與傳奇，胥爲韻語小說之一種，然傳奇尚雅，彈詞則以通俗爲要義。顧雖如是，亦必俗不傷雅，始堪入選。若信口開河，儉穢如村氓俚唱，不足取矣。舊時彈詞，如《三笑》、《倭袍》、《白蛇傳》、《玉蜻蜓》等，強半情節支離，詞句鄙陋，求一情文並茂者，殆不可得。近人所作，視昔進步已多，李東野之《孤鴻影》、張丹翁之《女拆白》，其尤著也。余與映清女士無一面緣，顧其文則嘗讀之，覺文筆奔放，有天馬行空之概。本書（《風流罪人》）爲女士最近得意之作，余窺豹一斑，見其寫家庭瑣屑，兒女私情，與夫社會之怪狀，幾如水銀泄地，無孔不入，足令人百觀不厭。雖遣詞間有淺俚處，然樂天之詩，期於老嫗都解，文固有以寫實見長者，是不足爲病也。大陸同人屬爲序，辭不獲已，因書此以塞責。

民國十五年夏桐城劉豁公序於海上哀梨室〔註50〕

劉豁公認爲彈詞以通俗爲要義，舊時彈詞情文並茂的很少，而當時人所寫的彈詞作品與之前相比已經有了很大的進步，他特別推崇李東野的《孤鴻影彈詞》和張丹翁的《女拆白黨彈詞》。爾後他筆峰一轉寫到姜映清的《風流罪人》，認爲這部「寫家庭瑣屑、兒女私情，與夫社會之怪狀」的作品，讓人百觀不厭。他在這篇序言中並未將姜映清及其作品局限於女作家彈詞的敘事傳統之中，而是將其置於整個彈詞的發展脈絡裏，並且與當時男作家的彈詞進行比較。此中原因，一方面可能是《風流罪人》的敘事模式與之前的女作家彈詞相比，出現了不少改變。另一方面也有可能是《風流罪人》與此時的男作家彈詞表現出越來越多的相似之處。

傳統的女作家彈詞往往以七字韻文作爲開頭和結尾，主要描寫自身的狀態或是講述歷史，從而引入正文。如《精忠傳》第一回，「降天星雙禾呈瑞，夢彩鳳百里尋賢」便以講述歷史引出全文：

> 歷朝帝業言難盡，話到興亡總愴神，不講唐虞與三代，不講李唐與朱明，只講汴梁建國宋朝事，開國明君趙匡胤，龍蟠虎踞江

〔註50〕劉豁公，《風流罪人·序》，見譚正璧，《評彈通考》，中國曲藝出版社1985年版，155頁。

山固，君聖臣良世太平，後起多賢民樂業，風調雨順政昌明，傳到徽宗第八帝，窮奢極欲失民心，奸邪當道忠良黜，北虜猖狂重犯闕，遍地干戈不太平，可憐那錦繡江山指日傾，天意不教宋室絕，康王一騎出番營，渡江來到臨安地。江山重整坐龍廷。那時節有一天星來降世。身經百戰輔危君。精忠孝義傳千古，冠絕乾坤第一人，只恨中途遭毒手，空懷壯志未能伸。莫須有冤屈無從訴，只落得一顆丹心照汗青。忠佞從來不並立，算來此事最傷心。敢將古調翻新調，要使那婦孺皆知忠烈名。〔註51〕

而《筆生花》第一回，「感神明瑤宮謫秀，徵夢兆綺閣留芬，惱權臣期心圖害，求吉士執意許婚」則以作者寫作時周圍的環境，寫作的心情和緣由作為開始：

深閨靜處樂陶然，又值三春景物妍。花氣襲人侵薄袂，苔痕分影照疏簾。清晝永，惠風暄，最好光陰是幼年。堂上椿萱欣具慶，室中姑嫂少猜嫌。未知世態辛酸味，只有天生文墨緣。喜讀父書翻古史，更從母教嗜閒篇。……紅餘消遣憑書案，《筆生花》，三字題名作戲編。原也知，女子知書誠末事，聊博我，北堂萱室一時歡。閒文表過書歸正，且敘其中起首緣。〔註52〕

第一回結尾：

作書的，事逢緊處且稍停。芸窗筆墨功夫久，閨閣心思兒戲云。隨意幻來隨手起，落於紙上恰如真。看官要曉如何事，二回書中再表明。〔註53〕

第二回，「悔聯姻佳人擲玉，遭侮弄才子遺珠，促行期匆忙畢吉，憐病體鄭重登途」開頭繼續描寫寫作時的環境：

連日陰陰雨乍收，碧梧翠竹兩修修。芰荷已盡看無暑，桂魄初圓及半秋。少小年華情自適，清涼天氣興偏憂。蟲聲入戶人初睡，月影橫窗夜更幽。獨坐黃昏無所事，前文接續句重搜。莫云戲筆非真事，說到危時也代愁。〔註54〕

〔註51〕（清）周穎芳，《精忠傳彈詞》，商務印書館1931年版，1頁。
〔註52〕（清）邱心如著，江巨榮校點，《筆生花》，中州古籍出版社1984年版，1頁。
〔註53〕（清）邱心如著，江巨榮校點，《筆生花》，中州古籍出版社1984年版，45頁。
〔註54〕（清）邱心如著，江巨榮校點，《筆生花》，中州古籍出版社1984年版，46頁。

第二回結尾：

> 書至於此權停侍，要曉余文下卷看。時過重陽嫌書短，居臨海隘覺天寒。閒庭雨過紅芳絕，小院風來黃葉翻。觸處秋光憐寂寞，每交冬日少清閒。欲供女職寒衣熨，難習兒嬉戲筆貪。阿母催工心已急，頑奴促膳興全刪。且將書史權收拾，待從容，三卷之中再細談。〔註55〕

之前的研究者如譚正璧和胡曉眞等都曾指出，女子創作彈詞時往往在情節開始之前，先以若干篇幅交代季節景物，或者自己的創作背景，遭遇感懷乃至家庭瑣事等等。這是她們寫作彈詞的成規之一，而且這種寫法具有很高的自傳性。〔註56〕而《風流罪人》一改之前女作家彈詞的寫作模式，直接以白話作開頭。《風流罪人》第一回，「躑躅湖濱人逢絕豔，商量燈夜計出嬌娃」一開始這樣寫道：

> 你看這夕陽不是漸漸的沉西了麼，天邊一層一層的霞彩，顯出無數顏色，煞是可愛，這西子湖濱，涼颸吹動。霎時間不但殘暑盡消。竟然帶著幾分秋意了。古檀迤邐行來，聽那暮蟬聲聲唱和，隱約夾著遠寺的鐘聲。那裏覺得甚麼岑寂。再遙望六橋三竺，有的俯，有的仰，各有各的好處。隄畔垂楊萬縷青眼惺忪，更足蕩人魂魄。古檀雖不是個騷人雅士，但眼前放著湖山的美景，他倒也徘徊微步，心中歡樂，便不忍遽去了。〔註57〕

第二回，「託良媒初尋汪三嫂，圖厚幣巧說賈千金」則是：

> 話到當時沈古檀別了妹子，回房就寢。睏到床上。那裏睡得著。頭裏似乎開足機器一般，想到得意的那條路上去……想到失意一方……有何面目再在杭州居住。〔註58〕

第二回結尾「究竟……同來的又是何人，且聽下回分解」〔註59〕也是白話。除此之外，書中主角出場也沒有詳細的交待，散文的敘事在文中所佔的比例很大，如果不是夾雜著七字韻文，《風流罪人》眞可以當作一篇白話小說。

〔註55〕（清）邱心如著，江巨榮校點，《筆生花》，中州古籍出版社1984年版，87頁。
〔註56〕詳可參見胡曉眞，《才女徹夜未眠——近代中國女性敘事文學的興起》，北京大學出版社2008年版，62～94頁。
〔註57〕映清女士，《風流罪人》，《社會之花》1924年第1期，1～2頁。
〔註58〕映清女士，《風流罪人》，《社會之花》1924年第2期，1～2頁。
〔註59〕映清女士，《風流罪人》，《社會之花》1924年第2期，19頁。

（二）出版方式的改變

女作家的彈詞作品，往往還未完稿，就在親友間互相傳閱，繼而流傳開來，如《天雨花》在創作過程中就大受歡迎：「別本在清河張氏嫂、莒城張氏嫂、同里蔣氏姊、高氏姊、管氏妹，並多傳抄訛脫。」〔註60〕由於出版費用昂貴，她們的作品，往往是在家庭成員的支持下出版的。「在晚清以前，對絕大多數的女性彈詞小說作者來說，創作都是由抒寫胸臆的私人需要開始的，而在寫作的過程中，逐漸發展出創作的成就感來。作品的市場與利潤，很少在女作家的考慮之內。」〔註61〕

姜映清創作的《風流罪人》不僅在敘事模式上與之前的女作家彈詞相異，在出版方式上也有不少改變。《風流罪人》在正式出版之前，於 1924 年至 1925 年先在《社會之花》雜誌上分期刊載，並且在最後一回的文末刊出這樣的廣告：「《風流罪人》爲陳姜映清女士名作。自刊本雜誌以來，多蒙各界推許。本期以稿未齊，不克登完，但不久稿竣，敝社擬即另出單行本，仍託大陸圖書公司代售。想愛讀是書者，必當樂窺全豹也。」〔註62〕雜誌社以稿未齊爲由，在最後一回沒有刊出結尾，然後告訴想看結局的讀者可以另外購買單行本。此後，出版社還接連幾天在《申報·自由談》上刊登《風流罪人》的廣告進行促銷。

雖然姜映清在創作中對彈詞的模式進行了改變，以符合當時人的口味，並且有出版商的大力支持，然而隨著時代的發展，正如王鈍根在《風流罪人》的序中所表達的那樣：「女士於小說最工彈詞，求之今日著作界，幾如鳳毛麟角，此篇之作，彌足珍也。」在當時，工於彈詞創作的人，以及彈詞作品都已鳳毛麟角，在《風流罪人》之後，也再沒見到姜映清創作的長篇彈詞。〔註63〕

〔註60〕（清）陶貞懷著，趙景深主編，李平編校，《天雨花》，中州古籍出版社 1984 年版，序 1 頁。

〔註61〕胡曉真，《閨情、革命與市場：由民初彈詞小說家姜映清談起》，羅久蓉、呂妙芬主編，《無聲之聲（III）：近代中國的婦女與文化（1600～1950）》，中央研究所近代史研究所 2003 年版，114 頁。

〔註62〕映清女士，《風流罪人》，《社會之花》1925 年第 18 期，22 頁。

〔註63〕姜映清的兒子在《映清女士彈詞開篇》序中這樣描述母親的創作生涯：「家慈個性，夙愛韻文，家庭間吟詠，戚友中唱酬，數十載積稿甚夥。囊歲在校授課餘暇，手撰《玉鏡台》、《風流罪人》等彈詞說部，傳誦一時。而雲之國學，得力於萱幃訓導者尤多。適以精力漸衰，潛心佛學，不彈此調者已久。自滬市無線電風行，聽彈詞說部，不禁見獵心喜，常作開篇以自遣。」他指出，姜映清是由於精力原因不再創作彈詞。陳姜映清，《映清女士彈詞開篇》，家庭出版社 1936 年版，序 7 頁。

三、《映清女士彈詞開篇》：女子彈詞創作的繼續

雖然用於案頭閱讀的彈詞創作漸漸衰落，但彈詞說唱卻異常興盛。特別是電台播音的盛行，導致對彈詞開篇的需求激增。姜映清在含飴弄孫之暇也加入到了彈詞開篇的創作中去，並出版了《映清女士彈詞開篇》。陳達哉、王鈍根在為《映清女士彈詞開篇》所寫的序中對這一情況描述得非常清晰：

> 移風易俗，莫善於樂。今之戲劇、歌曲，乃至彈詞、大鼓書，皆樂之類也。普及至廣，入人至深，其影響於風俗者，乃至大彈詞盛行於蘇。自無線電播音機暢布，而彈詞益盛。電紐一捩，輒聞三弦丁冬之聲發音。電台節目中，其大部時間，悉為彈詞所佔。於以知嗜此者之眾。彈詞之前奏曰開篇，不拘一格之通俗韻文也，尤為聽眾所嗜。舊例每卽一則，今則播音台中常著特例，有前後各唱一則者，甚且有純唱開篇者。甚矣，開篇魔力之偉大也！顧音不高尚，文不雅馴，則影響於風俗者彌深。我友陳雲律師之母夫人姜映清女士，夙擅文章，含飴弄孫之暇，恒以無線電播音機為遣。以開篇文義之未能盡善也，則戲揮翰為之。積之既久，裒然成冊。陳義既正，而文詞清麗，益引人入勝。其有功於風俗者，豈淺鮮哉！
>
> 中華民國二十四年十月古虖陳達哉序於滬上〔註64〕
>
> 今女士老矣！文字之興，猶未衰歇。近見無線電播音台林立，盛行彈詞，而其所唱開篇，佳構不多見。爰於含飴弄孫之暇，攤牋揮翰，抒寫閒情，而一軌乎正，蓋有功社會之作也。積稿彙刊一冊，行將出版，索序於予。予不勝今昔之感，聊為追溯文字因緣，俾作他年鴻爪。質之佐彤兄，當亦有斯文淪落之歎乎！噫嘻！
>
> 乙亥菊秋鈍根王永甲拜手〔註65〕

《映清女士彈詞開篇》是彈詞與詩詞的合集，1936 年由上海家庭出版社出版，收錄彈詞開篇一百首。書前有嚴獨鶴的題詞「旖旎風光」，周瘦鵑的題詞「題陳姜夫人開篇集如聞其聲」。此外還有光裕社全體球隊隊員的合影以及彈詞名家薛筱卿、沈儉安、朱耀祥、趙稼秋、陳雲麟、陳瑞麟，崑劇名家王佩珍和作者的照片。從中不難看出，姜映清與當時的文化名人以及彈詞名家

〔註64〕 陳姜映清，《映清女士彈詞開篇》，家庭出版社 1936 年版，序 13 頁。
〔註65〕 陳姜映清，《映清女士彈詞開篇》，家庭出版社 1936 年版，序 3 頁。

交遊密切。這部彈詞開篇的內容非常豐富，有描述作者生平的如《十年前之我》、《自述》；有描寫女性生活的如《摩登女子歎》、《新嫁娘》；有勸善懲惡的作品如《勸誡鴉片》、《勸誡賭》；有嵌詞開篇如嵌藥名的《病相思》和嵌花名的《海上彈詞名家》，還有一些論及時事的如《江浙戰禍》、《災民的苦況》等等。

第四節　《杜鵑血》：文學大眾化背景下的彈詞寵兒

　　《杜鵑血》，埋愁女士原著、杜明通改編。新四川文化社 1946 年 6 月初版，2001 年由成都市三中印刷廠重印。2001 年版書名由謝无量題寫，正文前依次爲時年九十一歲的杜明通的題字「杜鵑血」，杜明通近照，葉聖陶《序》、端木畹蘭《題記》、杜明通《改編杜鵑血後敘》、杜明通《杜鵑血本事》、杜明通《杜鵑血的內外三絕》。杜明通認爲《杜鵑血》內三絕爲愛國主義內容（「九一八」事變）；民族形式體裁（彈詞）；便於說唱、宜口宜耳的語言。外三絕爲葉聖陶作序；謝无量題箋；陶亮生點評。

一、作者生平及作品內容

　　據端木畹蘭的《題記》，我們可大體知道作者的生平：

　　　　原著者埋愁女士姓張氏，字萊蓀，江蘇南京人，夫氏陳早故，女士落拓半生，遇事頗不順意，抗戰以後，離家赴皖，以二十七年夏客死懷寧：天才薄命，頗堪浩歎。廿七年秋，其子毓龍懷女士所作《杜鵑血》囑余爲之保藏，余與女士屬中表親，總角相處，誼媲骨肉；年來以索居孤另，讀其遺文，觸發同情，不禁感慨繫之！念自先夫端木典周六年前早世，身世孤零，萬里流徙，雖暇輒塡詞自遣，而愧不能自有表現，後雖欲與女士同其不朽。豈可得哉？余旅居蓉垣，頗慕蜀中文學，今年夏，得聞作家杜明通先生之名，馳往訪謁，頗欽其才，因遺女士著文於先生，冀爲之宣揚鑒定，並所以光耀篇幅者，先生領許之，且允爲之編改序校，調整韻律，以全女士臨終託咐之殷意，女士遺著，得先生之訂正，果有問世之日，其精神可以慰焉。

　　　　甲申中秋白下端木畹蘭記。（一九四四年民國三十三年）〔註66〕

〔註66〕埋愁女士原著、杜明通改編，《杜鵑血》，成都市三中印刷廠 2001 年版，2 頁。

　　據此，我們可以知道端木畹蘭的表親埋愁女士張萊蓀是南京人，丈夫姓陳，早逝，抗戰開始後張萊蓀移居安徽，1938 年夏客死懷寧，其子毓龍將其所寫的《杜鵑血》交由端木畹蘭保管，1944 年端木畹蘭請杜明通修改編定，《杜鵑血》得以出版流傳。

　　《杜鵑血》正文共十章，回目爲：

　　第一章「家愁國難觸景興悲　　吐霧噴雲遣懷自得」；
　　第二章「訪幽人窗臺窺日錄　　償酒債村肆遇佳賓」；
　　第三章「李代桃僵黃金脫罪　　風清月白紅袖添香」；
　　第四章「進危詞慧舌巧翻蓮　　呈絕技輕身飛落葉」；
　　第五章「忍痛拒婚用心良苦　　同謀退稿蓄意何深」；
　　第六章「蝶繞蜂圍名花墮劫　　夜闌人靜膩友含情」；
　　第七章「奪錦標情場爭勝利　　貪色欲酒座逞淫凶」；
　　第八章「一刺飛來因情致禍　　片言傳去剖果藏書」；
　　第九章「求好合一夕解慳囊　　顯奇能兩番臨別墅」；
　　第十章「復公仇禮堂誅國賊　　除業障慧劍斬情魔」。〔註67〕

　　講述了一個以家仇國難爲背景的曲折的愛情故事：「九一八」事變之後，愛國青年恒劍鳴，從遼寧逃難到北平，並時常接濟一位「瘋丐」勒雄飛。有一天他收到姑母從吉林寄來的信，託他照顧嫁在北平的表妹雲璪華。恒劍鳴尋訪表妹才知她的丈夫蔣紉秋抽食大煙，屢勸不改，雖然無奈，但還是常將當賣行李的錢供他們使用，雲璪華得知實情後，不忍再去要錢。誰知煙癮發作的蔣紉秋受早對璪華有意的茅家鼎的金錢誘惑，與他立下條約將璪華「出租」。緊要關頭，來訪的劍鳴取花盆隔窗扔向茅家鼎，不料誤殺蔣紉秋，被茅家鼎用殺人的罪名送官監禁。後來璪華將被赦出獄的恒劍鳴接到一起居住，兩人雖互相愛慕，但璪華由於種種顧慮，拒絕了劍鳴的求婚。璪華爲貼補家用，在邵雲芳家裏做工，這位邵家小姐對劍鳴一見傾心。此時的恒劍鳴以投稿爲生，本來一切順利，誰知茅家鼎暗中阻撓，而報館主編時利新又是一位勢利小人，不僅不再收稿件還剋扣之前的稿費，恒劍鳴一氣之下便病倒了。璪華爲了醫藥及生活費用，不得不去歌舞團工作，劍鳴誤以爲璪華走入邪途，於是被邵雲芳說動，搬去邵家養病。傷心不已的璪華被茅家鼎設計騙出並拘禁在別墅中，脅迫其成婚，幸遇曾

────────────────

〔註67〕埋愁女士原著、杜明通改編，《杜鵑血》，成都市三中印刷廠 2001 年版，12
　　　　頁。

受劍鳴接濟的「瘋丐」靳雄飛傳遞消息。哪知俠女許玲姑誤以爲珹華貪財改事仇人，將茅家鼐擊斃時，也將珹華重傷。眞相大白時，珹華已生命垂危，當玲姑找到劍鳴時，他正在準備與雲芳的婚禮。知道珹華一心爲己之後，劍鳴來到奄奄一息的珹華榻前，珹華死後，劍鳴想在她的墳前自殺，後在雄飛的勸說下，與他一起投身於報效祖國的事業中去了。

　　單看故事內容，《杜鵑血》與傳統女作家爲女子張目的彈詞相去甚遠，也可歸入「哀情」彈詞一類。但是這部彈詞作品與時事緊密相聯，深受戰爭之苦的作者張萊蓀直接以所處的抗戰時期爲背景，並在避難途中寫就，作品所處時代的悲愴感，使其顯現出來的「哀情」不同以往，令人讀來感同身受。

二、《杜鵑血》出版的時代背景

　　當探究《杜鵑血》在女作家彈詞創作已經衰微，甚至在當時創作彈詞被認爲不可思議時，它卻受到眾多名人禮遇的原因時，我們不得不聯繫它出版的時代背景，以及創作的內容。葉聖陶在 1945 年爲《杜鵑血》所作的序中這樣描述：

> 彈詞之作，曩者爲閨閣間所珍愛，其書往住刊刻不甚精，爛版錯簡，時或有之。而卷帙恒富，五十回六十回而未已。婦女家居多暇，無以爲遣，取而讀焉，足以寓其心意，亦所謂賢於博弈者矣。時世推移，婦女與男子同受教育，凡所研習，無復內外之別，男子所涉思所致力者，婦女罔不聯鑣而並轡。於是彈詞新作，文苑罕見，舊籍重印，亦至寥寥。蓋以爲斯體已成陳跡，非復當世所宜矣。顧民國初年，商務印書館布之《小說月報》，其主者嘗倡言，彈詞爲體，便於誦習，且利耳受。往者流傳閨閣間之作，其意義多迂腐固舊，誠不足道。苟別擇佳材，寫以斯體，則傳播速於置郵，感人自必深廣。其時日報載新作數篇。識者歎以爲善。然嗣響不聞，至今且三十年。邇來文壇方揚民族形式之說，謂當擇其善者而利用之，光大之，余念彈詞亦民族形式也，其亦有堪以措意者乎。張女士此作，余循誦一過，以爲頗能脫去舊日彈詞之蹊徑，足以表見今世今人之意識。杜明通先生爲之潤色，益使通體澄澈，宜口宜耳。杜先生囑爲序之，因書短語於此。〔註68〕

〔註68〕埋愁女士原著、杜明通改編，《杜鵑血》，成都市三中印刷廠 2001 年版，序 1

　　葉聖陶在這篇序中言簡意賅的描述了彈詞文本的發展史：彈詞文本爲婦女所珍愛，然而，時世推移，女子與男子同受教育，彈詞文本也漸告消竭。近來「文壇方揚民族形式之說，謂當擇其善者而利用之，光大之」葉聖陶認爲彈詞也是民族形式，而且讀過張萊蓀的作品後，認爲它的內容與舊彈詞不同，表現了當時人的思想意識，因此他很爽快的接受了杜明通請他寫序的請求。

　　由於彈詞受婦女喜愛，清末民初時期的彈詞在愛國志士筆下發揮著喚醒女界，開啓民智，普及知識的作用，並產生了大量彈詞文本。然而正如葉聖陶在序中所言「識者歡以爲善。然嗣響不聞。」「九一八」事變後，全國範圍內掀起了聲勢浩大的抗日救亡運動，彈詞也被運用其中，在此背景之下，有不少與抗日相關的彈詞作品出現。《杜鵑血》以抗日戰爭爲時代背景，很好的契合了此時對彈詞作品的需求。

　　而杜明通在《後敘》中則更加細緻的分析了彈詞具有的「其他說部所不能具備的」的八種優點：「（一）免除單敘不唱和單唱不敘的枯燥弊病。（二）詩和散文的同時探討，幫助韻文的學習，於教育上有附帶作用。（三）心智的交換使用，使閱者的腦力不易疲勞，合於學習心理原則。（四）寓有活躍的聲調和動作藝術，用作宣傳工具，最能誘人注意。（五）是小說和戲劇的中間媒介物，兼有二者之長；且可以引導一個小說的讀者到愛好戲劇的途徑上去。（六）韻語隨時間斷，便於換韻，在寫作上便利有益。（七）可以因地制宜；當吟詠誦讀者用韻文，當平敘說白者用散文；在離開韻文有時不能達到表情的目的時，有作後援的韻文工具。單純的敘事是辦不到的。（八）這是中國元明間的文體，現在採用，可附帶保留中國固有文化的有用部分。」〔註69〕他認爲彈詞的這些優點，也許早被新文藝作家所忘記，現在提倡這一體裁，也許會受到開倒車的譏評，但他也無所顧慮，只希望彈詞能在讀者腦海裏留下印記。

　　杜明通對彈詞如此看重，離不開文學大眾化的背景，他認爲「新文學的大眾化，不是標榜時髦的問題；乃是要腳踏實地，做著改造社會，爲國家民族從事心理建設的工作……大中國真正新文化的前鋒，絕不能再戀曇花一現，久已消逝的外形技巧，而要尋求真足稱爲大眾化的內容……即使是用『舊瓶子裝著新酒』，也用不著晦氣的。因爲舊瓶子假使果然是堅實可靠，盛著酒

頁。

〔註69〕埋愁女士原著、杜明通改編，《杜鵑血》，成都市三中印刷廠 2001 年版，5～6
　　　　頁。

又不至於變味，我們又何苦要另外去買一個值價過貴，而又不能耐用的舶來品來代庖呢？」〔註70〕因此，他樂於改編《杜鵑血》，認爲彈詞具有其他說部所不能具備的優點，並強調如果能審愼的將這種優點保持下去，並加以改良，將會成爲世界上最好的文學體裁之一。

　　然而，這樣的呼喚，畢竟沒有產生更多的女作家彈詞作品。隨著時代的發展，女作家們轉入到更廣泛的社會活動以及其他文學樣式的創作中去了。《杜鵑血》是現可知建國前成書出版的最後一部女作家彈詞，它與《風流罪人》堪稱是民國時期女作家彈詞在新的時代背景下，嘗試轉型的雙子星座。

第五節　女作家彈詞式微的原因

　　的確，清末民初的彈詞作品，因爲被傾注了太多實用功能，無論內容或是形式都發生了轉變。一方面，它被有識之士看作是宣揚進步思想、喚醒女界的有利途徑，於是大量新思想、新名詞湧入彈詞。另一方面，大量舊派小說名家參與到彈詞創作中來，使其特質向舊派小說靠攏。此中原因，在第三章已略加論述。明清兩代，才女們創作了許多彈詞文本，並形成重要的女性敘事文學傳統，而在清末民初時期，參與者與此前的盛況相比，顯得寥寥無幾，譚正璧也曾指出：「中國舊體文學到了清末，無論文雅的，通俗的，受了歐風東漸的影響，一概都成爲強弩之末。在通俗文學方面，小說像《紅樓夢》，彈詞像《鳳雙飛》那樣篇幅冗長，描摹細膩的作品，再也不可復得。」〔註71〕本節主要探討在此背景下女作家彈詞式微的原因。

一、社會活動的增多

　　對女性爲什麼喜歡彈詞，爲什麼會創作彈詞文本，時人多有研究。鄭振鐸指出：「彈詞爲婦女們所最喜愛的東西，故一般長日無事的婦女們，便每以讀彈詞或聽唱彈詞爲消遣永晝或長夜的方法。一部彈詞的講唱往往是須要一月半年的，故正投合了這個被幽閉在閨門裏的中產以上的婦女們的需要。她

〔註70〕埋愁女士原著、杜明通改編，《杜鵑血》，成都市三中印刷廠 2001 年版，4～5頁。
〔註71〕譚正璧，《中國女性文學史話》，百花文藝出版社 1984 年版，461 頁。

們是需要這種冗長的讀物的。」〔註72〕到了晚清，情況依舊如此，泣紅在《胭脂血彈詞》中寫道：「婦人家最喜是詞章，每得新詞喜欲狂。手不停披燈月下，一彈再唱意安詳。」〔註73〕的確，深處閨閣的女性，在閒暇之時，聽、寫彈詞正是消磨時間的好方法。正如夢菊在《俠女群英史・序》中云：「茶香酒熟，把此臨風，最足消寂寞，破聊賴也。」〔註74〕因此，許多女作家往往在書中聲稱，自己創作的目的主要是娛樂母親，如陳端生在《再生緣》第三卷的卷末結語部分寫道：「原知此事終無益，也不過，暫博慈親笑口開。」〔註75〕邱心如在《筆生花》第一回的自敘部分也說道：「原也知，女子知書誠末事，聊博我，北堂萱室一時歡。」〔註76〕

而到了清末民初，一系列的社會革新措施如廢科舉、興女學，使得女性不再幽閉閨門，大批知識女性走出家門，參與到救亡圖存的活動中去。隨著辛亥革命的成功，社會生活也發生了巨大的改變，大眾娛樂活動變得異常豐富，聽、寫彈詞不再是女性首選的消閒娛樂活動。

二、傳名及肩負社會責任有了多種途徑

明清女作家們創作彈詞，一方面是由於她們喜愛彈詞，另一方面也是出於傳名的考慮以及社會責任感使然。才女們也有百年後寂寂無名的恐懼，於是她們選擇創作，希望能夠借助作品的流傳彰顯聲名。《榴花夢》的作者曾說：「自愧拙才非詠絮，敢留字跡玷羞慚，只緣塵世渾如夢，彈指韶光去不還，一旦渺茫脂粉散，應無事業可流傳，遺得數篇殘句在，得人批黜亦難尋，故而不揣粗庸句，爰集成編付梓人，雖無子史詩書妙，離合悲歡亦足聆，閨閣知間休見哂，開卷先提第一篇。」〔註77〕從而表達了自己傳世的希望。同時她們也希望通過創作，有益於世道人心，如鄭澹若的《夢影緣》全書圍繞明清的善書文化展開敘事。她希望通過作品「掃除天下人心穢」。

〔註72〕鄭振鐸，《中國俗文學史》，商務印書館 2005 年版，581 頁。

〔註73〕泣紅，《胭脂血彈詞》，阿英，《晚清文學叢鈔・說唱文學卷》，中華書局 1960 年版，224 頁。

〔註74〕（清）夢菊，《俠女群英史・序》，見譚正璧，《評彈通考》，中國曲藝出版社 1985 年版，263 頁。

〔註75〕（清）陳端生著，（清）梁德繩續補，杜志軍校注，《再生緣》，華夏出版社 2000 年版，175 頁。

〔註76〕（清）邱心如著，江巨榮校點，《筆生花》，中州古籍出版社 1984 年版，1 頁。

〔註77〕（清）李桂玉，《榴花夢》，中國文聯出版公司 1998 年版，1 頁。

　　而才女們在這麼多文類中，選擇創作彈詞，一方面也許正如譚正璧所說的那樣，中國女性作家「大都偏富於藝術性，她們不獨因富於情感而嗜好文學，也因有音樂的天才而偏長於韻文。」〔註78〕的確，清代的很多彈詞女作家都擅長創作詩文，大多出版過詩集，如程蕙英著有《北窗吟稿》等，也許七言韻文正是她們最得心應手的書寫方式。另一方面，正如鄭澹若在其作品《夢影緣》卷首所云：「傳奇半出名人手，難於爭先著祖鞭。小說亦開逢才子作，安能下筆鬥其才。雞口牛後須斟酌，倒不如，掃盡南詞獨寫懷。」〔註79〕侯芝在為《再生緣》所寫的續書《再造天》中也明確表示：「憶昔紅閨共習詩，挑燈姊妹夜同遲，第到豔體玉臺句，但讀香山白老詞，情篤淵源知有得，人傳柳絮恐無期，不如填作彈詞唱，還得生花筆一枝。」〔註80〕她們的表述也在一定程度上代表了女作家選擇創作彈詞的心路歷程，即女作家們深恐創作傳奇、小說、詩詞難以超越前人，不能流傳，於是選擇創作彈詞。果然，她們在敘事文學中開創了一片天地。

　　到了晚清，在有識之士的倡導下，女子的新式教育廣泛興起，女子走出家門，接受新思想，新知識，她們的視野變得前所未有的開闊。在這種氛圍下，女子的創作有了新的景象。而報刊主編們也積極倡導、鼓勵女性參與到其他文類的創作中去。包天笑在這一方面就極力倡導過，他說：

　　　惟女子在舊文學中，能寫詩詞者甚多，此輩女子，大都源淵於家學。故投稿中的寫詩詞者頗多，雖《婦女時報》中，亦有詩詞一欄，但亦不過聊備一格而已。辦《婦女雜誌》的宗旨，自然想開發她們一點新知識，激勵她們一點新學問，不僅以詩詞見長。〔註81〕

　　於是翻譯界、小說界都閃動著女子的身影。薛海燕曾根據《中國通俗小說總目提要》和《中國近代小說目錄》進行統計，在1900～1911年之間，即辛亥之前發表的小說中，署名為「某某女士」的主要有15種，其中12種為長篇，3種為短篇〔註82〕，其中有4位作者可以斷定為女性。她根據《中國近代小說目錄》進行統計，辛亥之後署名為「某某女士」發表的長篇小說僅有4

〔註78〕譚正璧，《中國女性文學史話》，百花文藝出版社1984年版，372頁。
〔註79〕（清）鄭澹若撰，《繡像夢影緣》四十八回，道光二十四年癸卯（1843）序，光緒二十一年乙未（1895）竹簡齋石印本，16冊。
〔註80〕（清）侯芝，《再造天》，黑龍江人民出版社1990年版，320頁。
〔註81〕包天笑，《我與雜誌界》，《雜誌》1945年第5期，11頁。
〔註82〕薛海燕，《近代女性文學研》，中國社會科學出版社2004年版，200～203頁。

篇。女作家們轉而進行短篇小說創作，薛海燕根據其目前所掌握的資料，將
57 位作家，101 篇作品加以匯總，得出「在民初報刊雜誌上署名爲『某某女
士』發表短篇小說的眾多作家中，可以確定爲女性及有一定根據相信其女性
身份的已接近半數」〔註83〕的結論。

　　中國女權運動的發展和女性報刊的大量出現，還導致了 20 世紀初女性政
論作家群體的誕生。這是一個龐大的群體，有近百人，成就突出者也有二三
十人。她們呼籲女子要有獨立意識、要由賢妻良母到女國民、爭取女權與自
省意識、女子從戎與爭取參政，從而一種以白話爲主，「歐西文思」入文，以
情動人的女界「新文體」就此誕生。〔註84〕

三、倡導白話文及新小說的社會思潮

　　彈詞作品主要以七言韻文寫作，夾以散文。傳統女性彈詞大多以女扮男
裝，在男性世界中大展才能，實現自我爲主題。隨著時代的發展，女權運動
的深入，女性自我意識的進一步覺醒，女性的社會地位得到提高。只存在於
明清才女筆下的女子走出閨閣，尋找工作，參政議政已經成爲現實。女性彈
詞作品中女扮男裝，走出家門，尋找自我這一傳統命題已經不再是女作家們
熱衷的議題。喚醒女界，振興女權，與男子一起肩負起救亡圖存的使命，成
爲知識女性筆下的最強音。

　　同時，隨著翻譯小說的大量湧現，寫作小說的新理論、新技巧進入作者
們的視野。彈詞創作手法的弊端也日益凸顯。夏曾佑曾在《小說原理》中論
及彈詞盡蹈「小說五弊」：「所寫主角之生旦，必爲至好之人，是寫君子也；
必有平番、救主等事，是寫大事也；必中狀元、拜相，封王，是寫富貴也；
必有驪山老母、太白金星，是寫虛無也。惟議論無耳。」〔註85〕

　　意識到這一點的女作家們，也嘗試著將新的敘事模式融入到彈詞創作中

〔註83〕薛海燕，《近代女性文學研究》，中國社會科學出版社 2004 年版，215 頁。

〔註84〕郭延禮指出，這個群體主要由女權運動的領軍人物和女性報刊的女編輯、女
　　　　記者以及女學生組成。女性政論有兩大特點，即時代性和普適性。前者主要
　　　　指女性政論的思想內容要服務於當時女權運動和國家建構的宣傳需要，具有
　　　　鮮明的批判精神和戰鬥色彩；後者主要指女性政論的藝術形式爲適應女性傳
　　　　媒需求而產生的特點。郭延禮，《20 世紀初女性政論作家群體的誕生》，《中國
　　　　現代文學研究叢刊》2009 年第 3 期，90 頁。

〔註85〕夏曾佑，《小說原理》，見周良，《蘇州評彈舊聞鈔（增補本）》，古吳軒出版社
　　　　2006 年版，115 頁。

去，如姜映清的《風流罪人》一改之前女作家彈詞的寫作模式，直接以白話作開頭，散文的敘事在文中所佔的比例也很大，從中不難看出白話文運動及白話小說期刊的大量湧現，對彈詞創作所造成的影響。在此背景之下，很多女作家開始進入白話小說這一領域，作品內容涉及到社會生活的方方面面，如自由戀愛、女子入學、參政議政等等。除此之外，女作家們發現，還有許多文體可以用來描寫生活，表達新的觀念意識，於是她們不僅創作小說，還參與到翻譯和政論文的寫作中去。女子對這些文體的創作逐漸取代傳統的彈詞。終於，隨著時代的變遷，彈詞創作變得鳳毛麟角，日漸消竭。

第四章　晚清民國彈詞文本的傳播與接受

　　從傳播角度對文學進行研究的方法，正日益受到學界的重視。根據傳播的渠道，郭英德將文學的傳播分爲三種類型：（一）經由交換渠道，對書籍進行借閱和傳抄的人際傳播；（二）經由市場渠道，對書籍進行抄刻和買賣的商業傳播；（三）經由公共渠道，進行戲劇演出和說書活動的娛樂傳播。〔註1〕潘建國根據讀者的構成，確立明清「通俗小說」兩種基本的傳播方式爲版籍傳播與曲藝傳播。前者通過直接閱讀小說文本來接受小說內容，後者則依靠聽書、看戲等途徑，間接接受「通俗小說」的內容。〔註2〕本章借鑒前人的研究成果，將彈詞的傳播分爲以「文本傳播」和「說唱傳播」爲主的兩種形式。因爲「說唱傳播」在第一章中多有論述，本章重點探討「文本傳播」。

　　印刷出版技術，爲各類文本的流傳提供了不可或缺的技術條件，當然包括彈詞。鉛印、石印術傳入中國之前，「文本傳播」的主要形式爲抄本和刊刻本，隨著鉛印、石印術的廣泛運用，「文本傳播」的形式還增加了鉛印本、石印本、報刊本等，這一技術革新對彈詞文本的傳播產生了巨大的影響，使其在傳播速度、範圍、手段、受眾等方面都產生了改變，不僅維持了大批中小書局的商業生存，也促成了晚清民國彈詞文本出版局面的繁榮，許多彈詞文本也得以保存。此外彈詞、報刊、書局有著密切的聯繫，首先彈詞文本往往

〔註1〕郭英德，《元明的文學傳播與文學接受》，《求是學刊》1999 年第 2 期，76～82 頁。

〔註2〕潘建國，《明清時期通俗小說的讀者與傳播方式》，《復旦學報》2001 年第 1 期，118～124 頁。

先在報刊上連載，然後由書局出版單行本；其次有些彈詞文本的作者本身就是報刊編輯，這為作品的發表提供了便利；再次，報刊與書局往往屬於同一個發行機構，它們互相配合為彈詞進行宣傳促銷。這些有利的條件對彈詞的傳播作用很大，清末民初近百部彈詞作品就是通過它們來傳播的。然而，不可否認，負面影響也隨之而至，諸如盜版篡改、紙墨粗劣等等。正是在這一傳播環境下，彈詞文本完成了它的歷史轉型。

第一節　彈詞的報刊傳播

有了石印和鉛印提供的技術支持，報刊逐漸盛行。於是文學的傳播除了靠裝訂成冊的書籍外，又多了一種新的傳播媒體。陳平原研究晚清文學的變化，認為由明清刻版到近代報刊，此一轉折，不僅是技術提升，還牽涉到傳播形式、寫作技能、接受者的心態、品味等問題。〔註3〕的確，報刊、雜誌成為彈詞的載體後，彈詞文本的出版、傳播和營銷方式發生了重大變化。這直接影響到彈詞的語言和結構，並加快了彈詞的商品化步伐。

一、報刊的發行特點擴大了彈詞的讀者面

連載，這一新的形式是報刊傳播彈詞的最重要的一個特點。清末民初的彈詞大多都是先在報刊上連載發表，然後才出版單行本的。如李伯元的《庚子國變彈詞》先連載於《世界繁華報》，後由世界繁華報館印行。報刊連載，由於其不僅出版周期短、印刷數量大、傳播迅速，而且具有大眾化、平民化和花錢少的特點，因而使彈詞在社會上的影響逐漸擴大，促進了彈詞的流傳，擴大了讀者面。有關期刊的發行情況，我們可以從其刊登的廣告一窺究竟，如1906年3月1日《申報》為上海《新民叢報》支店刊登廣告：「本報開辦數載，久為士大夫所稱許，故銷售至一萬四千餘份。現第四年第一期報已到，定閱者爭先恐後，此誠民智進步之征也。」報刊登載彈詞，在城市中造就了一個較為穩固的讀者群體，讀者的需求又反過來刺激了這一時期彈詞的繁榮，加快了彈詞的商品化步伐。晚清民國的報館和書局都表現出了更為強烈的廣告意識。

由於報刊的篇幅有限，出版方式的時效性較強，從而影響到彈詞的語言

〔註3〕參見陳平原，《文學的周邊》，新世界出版社2004年版，98頁。

和結構。彈詞在報刊雜誌上登載，能否正常傳播，還取決於報刊雜誌的發行是否順利。有的往往因為報館的倒閉，而使得作品沒有全部刊載，造成了晚清民國一些彈詞在結構上殘缺不全。如陳梅君的《九仙枕》，據鄭貞文《由〈榴花夢〉談到〈鏡中夢〉》一文可知：「《九仙枕》初、二兩集，清末宣統年間，曾經上海舊笑林報館按日登載，僅及半部，而報館輟業，未曾續印，所以此書仍少流傳。」〔註4〕此外如李伯元的《醒世緣彈詞》，譚正璧在1922年連載於《晚霞》上的《落花恨彈詞》等就都沒有完結。這對閱讀者而言是很大的缺憾，有時作者或書商會出版單行本來彌補，但有些作品如果缺少市場反響的話，很可能就此沒有下文。

二、稿酬制度的確立使彈詞創作更加商品化

明清之際，文人、書坊主、藝人改編出版彈詞的利潤如何，還有待於我們進一步研究，當時大部分女作家創作彈詞，是由於個人的喜好以及傳名的渴望，她們很少考慮用創作來獲得利潤，由於出版費用昂貴，不少女作家的作品還是由其家族成員，因為不忍埋沒其心血，花錢請書商出版的。

到了晚清民國時期，在報刊上發表作品，一開始也並沒有稿酬，甚至還需付費。時人研究得出「最初文人在報刊上刊登詩詞文稿，有如登廣告，需要付費。文人請出版商將作品刻成文集，主要目的也只是用於交際圈中交流，並非為社會讀者而寫作。後來，由於報刊影響的日益擴大，報紙版面不斷增加，報刊經營者獲得了實際利益之後，為滿足讀者的需要而刊登詩文小說，也慢慢地開始實行不收費刊登詩文的制度。……但隨著報刊數量的增加，報刊間的競爭加劇，漸漸變為收購文稿，按字計酬，從而形成了現代意義上的稿酬。」〔註5〕

《新小說》於清光緒二十八年（1902）十月一日在《新民叢報》上發表了《新小說社徵文啓》，之後不久，在《新小說》創刊號的加印本上再次刊出，題為《本社徵文啓》，這則徵文啓事明確給出了稿酬標準：

> 小説為文學之上乘，於社會之風氣關係最鉅。本社為提倡斯
> 學，開發國民起見，除社員自著自譯外，茲特廣徵海內名流傑作紹

〔註4〕鄭貞文，《由〈榴花夢〉談到〈鏡中夢〉》，《文匯報》1962年11月14日。
〔註5〕王玉琦，《近現代之交中國文學傳播模式轉換研究》，江西人民出版社2005年版，142～143頁。

介於世，謹布徵文例及潤格如下：

第一類：章回體小說在十數回以上者及傳奇曲本在十數出以上者

自著本甲等每千字酬金四元；同乙等同三元；同丙等同二元；同丁等同一元五角；譯本甲等每千字酬金二元五角；同乙等同一元六角；同丙等同一元二角

……

第二類：其文字種別如下

一、雜記，或如聊齋或如閱微草堂筆記，或虛構或實事，如本報第一號「雜記」之類；一、笑話；一、遊戲文章，不拘體格；一、雜歌謠，不必拘定樂府體格，總以關切時局為上乘，如彈詞粵謳之類皆可；一、燈謎酒令楹聯等類

此類投稿者恕不能遍奉酬金，惟若錄入本報某號，則將該號之報奉贈一冊，聊答雅意。……〔註6〕

學界認為這是「我國小說雜誌中第一份宗旨明確，內容詳備的徵文啟事，在小說史上具有開創和示範意義。」〔註7〕這則徵文中已經涉及彈詞，但「此類投稿者恕不能遍奉酬金，惟若錄入本報某號，則將該號之報奉贈一冊，聊答雅意，」此時的彈詞創作還僅僅以贈送期刊作為報酬。隨後創辦的期刊，積極響應稿酬制度，如1910年創刊的《小說月報》在卷首「徵文通告」中說：「中選者當分四等酬謝，甲等每千字酬銀五元，乙等每千字酬銀四元，丙等每千字酬銀三元，丁等每千字酬銀二元。」〔註8〕《小說月報》的主編惲鐵樵收到當時還不甚知名的年輕作者程瞻廬的《孝女蔡蕙彈詞》後，讚賞有加，給了四十元稿費後，還覺得太少，又補上十四元，這無疑是對程瞻廬的莫大鼓勵，於是他又在《小說月報》上發表多篇彈詞。從中可以明確知道，創作彈詞也已經有了稿酬。其他如《小說時報》、《小說叢報》、《小說海》、《小說畫報》等闢有彈詞欄目的刊物，也均支付稿酬。

〔註6〕《新民叢報》1902年第19號。

〔註7〕王玉琦，《近現代之交中國文學傳播模式轉換研究》，江西人民出版社2005年版，144頁

〔註8〕《小說月報》1910年第1卷第2號。

借助於報刊這一傳播媒介，彈詞成爲這一時期報刊的重要內容之一。稿酬制度的確立，也在一個側面促進了作者的創作積極性，從而成爲這一階段彈詞創作繁榮的原因之一。

第二節　鉛印、石印本彈詞的傳播

清政府對唱本的禁燬命令時有發生，上海開埠之後，依然如此。咸豐、同治年間，戰亂頻繁，人心散亂，統治者爲了維持秩序，加大了對文字的禁燬力度。如，同治七年（1868）江蘇巡撫丁日昌兩次查禁淫詞小說，近二百種彈詞名列其中，所禁書目「明定限期，諭令各書鋪，將已刷陳本，及未印板片，一律赴局呈繳，由局彙齊，分別給價，即由該局親督銷毀」；〔註 9〕同治十年（1871）又下令禁燬小說書版：「著各直省督撫府尹飭屬查明應禁各書，嚴切曉示，將書版全行收毀，不准再行編造刊印」。〔註 10〕所以這一時期據盛志梅的《彈詞知見綜錄》可見的彈詞文本只有八十多種。

清光緒、宣統兩朝，清政府面對的時局更難掌控，各種內憂外患，使其疲於應付，而隨著各種新思想傳入中國，清政府對思想言論也越來越沒有約束力。同時，由於石印更加方便省時省力省錢，能保持古書的本來面目等優點〔註 11〕，石印技術被各大書局廣泛應用，〔註 12〕據《販書偶記》、《中國叢

〔註 9〕《同治七年江蘇巡撫丁日昌查禁淫詞小說》，見王利器輯錄，《元明清三代禁燬小說戲曲史料》，上海古籍出版社 1981 年版，142 頁。

〔註 10〕《同治十年六月禁燬小說書版》，見王利器輯錄，《元明清三代禁燬小說戲曲史料》，上海古籍出版社 1981 年版，82 頁。

〔註 11〕石印有哪些優點呢？第一，省工。雕版印刷，工序複雜，而石印可省去許多工序。工序少則成本低，成本低則價也廉。第二，出書速度快。由於工序減少，自然要節省不少時間，提高生產效率。第三，能保持古書的本來面目。石印古籍善本，在版式、字畫等方面尤不失古書風貌，遠勝「影抄」、「影刻」等法。正是因爲石印具有上述優點，所以才得以取代雕版印刷的主導地位，獨步一時。詳可參見曹之，《中國古籍版本學》，武漢大學出版社 1992 年版，399～400 頁。

〔註 12〕隨著基督教新教傳教士來華，石印術於 1832 年傳入中國，由於 1840 年前後，新教傳教受到官方的限制，他們用石印方法印刷布道冊子是秘密進行的，除了個別教徒以外，中國的普通老百姓沒有機會接觸石印術，更無法同雕版印刷比較優劣。此外，石印的原料，如石版、油墨等都要進口。特別是當時的中國人還處於閉塞的狀態，無論石印還是鉛印都沒有受到中國人的重視，因此到 1880 年以後才得到普及。至清末，國內書商紛紛設局以西洋石印印刷圖書，石印本盛極一時。詳可參見張秀民著、韓琦增訂，《中國印刷史》下，浙江古籍出版社 2006 年版，441～443 頁。

書綜錄》、《中國通俗小說書目》等書著錄，從清末到民國，全國各地採用石印技術的有一百餘家。〔註13〕「因為石印所需資本較少，開辦較易，光緒間，僅上海一地，石印所即有 56 家，較鉛印業多一倍有餘。上海鉛印業雖早於石印業二十年出現，且墨海書館、美華書館、字林西報館、申報館、土山灣印書館、同文書會等，能排印中文書報，且具一定規模，但在整個光緒年間，石印對社會的影響不低於鉛印。內地各省民間，石印鋪較鉛印所佔明顯優勢。」〔註14〕書商看到有利可圖，便大量出版擁有讀者市場的新舊彈詞文本，促進了這一時期石印本彈詞的繁榮，據《彈詞知見綜錄》可知，光緒、宣統年間有兩百多種鉛印、石印本彈詞傳世。

一、晚清民國出版的鉛印、石印本彈詞概況

據曹之總結，整個石印本的內容主要有四個方面：常用古籍、通俗小說和唱本、地圖和畫刊、報刊和新著之書。一開始，石印科舉用書有巨大的市場，如點石齋開業後，第一獲利之書是《康熙字典》，該書前後開印兩次，印數 10 萬部：第一次印 4 萬部，不到幾個月就賣完了，第二次又加印 6 萬部，適逢某科舉人赴京會式，途經上海，每人各買五六部，很快又搶購一空。〔註15〕然而隨著 1905 年科舉制度的廢除，各大書局失去了這方面的賺錢途徑，有些甚至在此氛圍中倒閉，書局為了維持生存和謀求發展，只能尋求新的出版熱點，於是，各種小說和唱本日益受到關注。

彈詞作為一種受市民歡迎的說唱藝術，其文本需求量也不容小覷，因此，書商在市場的需求和巨大利潤的驅使下，紛紛出版石印本彈詞，彈詞文本的出版和傳播出現了前所未有的興盛局面。據現有材料可知，最早的石印本彈詞是《繪圖女才子玉如意》，四卷十六回，罌湖居士序，光緒元年乙亥（1875）上海福記書莊石印，四冊。此後各書局陸續出版石印彈詞。

在清末民初，全國各地出版石印本彈詞的書局很多，其中猶以上海為多。出版過鉛印、石印本彈詞的書局大致如下：上海書局、上海福記書莊、上海源記書莊、香港書局、香港石印書局、上海海左書局、上海中西書局、上海

〔註13〕詳可參見曹之，《中國古籍版本學》，武漢大學出版社 1992 年版，394～395 頁。

〔註14〕范慕韓，《中國印刷近代史》，印刷工業出版社 1995 年版，349 頁。

〔註15〕詳可參見曹之，《中國古籍版本學》，武漢大學出版社 1992 年版，395～399 頁。

紫來閣記書莊、香港賞奇書局、修齋堂、樂燕堂、深柳堂、上洋文盛堂、上海文宜書局、上海還俗局、上海文元書莊、上海博文書局、上洋文海雨記書局、汕頭開通書局、胥浦楊氏九皐、上海中西書局、香港日華書局、竹簡齋、上海廣益書局、上海十萬卷樓書莊、上海啓秀堂書莊、京都琉璃廠、上海受古書店、文益書局、上海錦章圖書局、江南書局、有益齋、裕記書莊、有益書局、上海章福記書局、上海煉石書局、王月華仁記書莊、上海茂記書莊、文元書莊、上海萬豐書莊、上海廣記書局、上海龍文書局等。

二、鉛印、石印本彈詞的來源

　　從清末民初彈詞文本的內容來看，這一時期的鉛印、石印本彈詞以中長篇爲主，除明清時期的舊作之外，還有不少當時涉及哀情、警世、時事、黑幕等的新作，非常豐富。

（一）翻刻舊作

　　版權作爲一種觀念，至少在中國的宋代就已產生。如南宋出版的《東都事略》一書，前邊就有一個牌記，上寫「眉山程舍人宅刊行，已申上司，不許覆板」。但在版權的立法保護方面，直到 1910 年才有《大清著作權律》制定頒行。〔註16〕傳統的彈詞文本對民眾有很大的吸引力，再加上印行舊時彈詞文本省去了版權、稿酬這些環節，於是書局大量印行此類文本。一時市面上彈詞文本供不應求，報紙上還出現了訪求古本的廣告。如光緒三十一年（1905）三月十七日《申報》上刊載的「訪求小說」廣告就反映了這一現象：

　　　　本館現擬訪求小說，如有家藏木刻爲世不經見之稗官野史，

　　　凡章回、說部、傳奇、彈詞等類，有願出售或倩本館代印者，望先

　　　將書名、價目以及書中事實、撰著人姓名並書共若干冊一一開示，

　　　以便商訂。郵資自給，不合恕不修覆。申報館啓。

　　這則《申報》館的搜書廣告，但凡「章回、說部、傳奇、彈詞等類，有願出售或倩本館代印者」都歡迎。這樣寬鬆的條件，說明在新小說創作、翻譯小說風行的時期，傳統的彈詞依然具有閱讀市場。

（二）改編創作

　　正如第二章中所述，不少舊派文人參與到了彈詞的寫作中來，他們還根據

〔註16〕詳可參見李明山，《中國近代版權史》，河南大學出版社 2003 年版，1～2 頁。

當時人們所關注的新聞、時事進行改編創作，或將小說、戲曲等改編成彈詞。

民國時期也有不少盜版翻印活動，爲此曾引起不少的版權糾紛。涉外糾紛有幾起曾對簿公堂。國內糾紛也不時有人訴諸法庭。在著作權法律頒行之後，提起訴訟的版權糾紛日益增多。〔註 17〕隨著對版權問題的日益注重，很多書局出版的彈詞文本明確標明著作者、版權所有者，印刷者，並標注「版權所有不准翻印」字樣。這些彈詞的版權頁非常完整，如：

《女拆白黨彈詞》的封面頁爲：《女拆白黨彈詞》，張丹斧著，上海震亞圖書局。版權頁爲：中華民國五年五月初版，中華民國六年九月再版，女拆白黨彈詞，全一冊定價六角；著作者：張丹斧；版權所有者：震亞圖書局，上海九畝地德潤里五開弄二四號；印刷者：震亞圖書局，上海九畝地德潤里五開弄二四號；總發行者：震亞圖書局，上海四馬路中市五二七號；分發行者：文匯圖書局，上海門方浜橋；經售處：各省各大書局，江西南昌張天寶樓，江西撫州杜雨宜堂。版權頁上方有長方形花紋框「版權所有不准翻印」。〔註 18〕

這個本子除了震亞圖書局的初版、再版本外，在同時期再未見到其他書局出版此書。可見，「版權所有不准翻印」，還是有一定的約束力的。

（三）彈詞名篇改編成小說

晚清民國通俗小說的繁榮與興盛，與科舉制度的廢除、報刊和印刷業的發展、稿酬制度的確立以及大都市的形成與市民階層的迅猛發展等因素密切相關。正如范伯群指出：「工業化不僅爲通俗文學升溫準備了物質條件，而且也爲通俗文學『製造』讀者群。沉滯的小農自然經濟既爲都市的工商業經濟所取代，市民的生活節奏的頻率空前增速，人們覺得腦力和筋肉的弦繃得太緊，工餘或夜晚需要鬆弛一下被機械的運轉皮帶絞得太緊的神經，這就需要娛樂和休息。」〔註 19〕報刊、印刷業的發展爲通俗小說的大量湧現提供了物質基礎，而稿酬制的確立，使文學走向市場化，大大促進了通俗小說的繁榮。

書局當然不會錯過這一賺錢機會，繼亞東圖書館出版有標點的舊小說之後，「1934 年廣益書局以大達圖書供應社名義，大量排印出版加標點的通俗小

〔註 17〕 詳可參見李明山，《中國近代版權史》，河南大學出版社 2003 年版，207 頁。

〔註 18〕 張丹斧，《女拆白黨彈詞》，上海震亞圖書局 1916 年版，版權頁。

〔註 19〕 范伯群，《中國近現代通俗作家評傳叢書·總序》，徐斯年，《民國武俠小說奠基人——平江不肖生》，南京出版社 1994 年版，序 3 頁。

說，與新文化書社競爭。雖然書籍裝幀簡陋，以牛皮紙爲封面，字體密密麻麻，無插圖，錯字又多，但因書價低廉，從三折到二折、一折半，銷路極好。」〔註20〕

在這一大潮中，許多彈詞名篇被改編成通俗小說。彈詞名篇本來就情節離奇，深受大眾喜愛，但囿於吳方言，不能使更多的人所熟知，因此，書局便請通俗文學家加以改編，一是改掉蘇州話，二是改正不合理的地方，讓更多的人能讀。

江蝶廬曾將彈詞《雙珠鳳》改寫成《重編繡像完整本雙珠鳳全集》小說，由廣益書局出版，1947年1月新二版中還保留了江蝶廬於1935年10月所作的「敘」：「歷來唱篇小說不下數百種，有完全唱句的，叫做盲詞。有唱句間夾說白的，叫做彈詞，又稱做南詞。比較盲詞更多趣味。所以蘇、申兩地書場之林立，頗能引人入勝。但是彈詞中的表白，喜用吳語，不能普及各省，那不是一樁憾事嗎？本社因爲這個意思，特地延請吳中名手，把社會通行最有名的唱篇小說，如《三笑》、《描金鳳》、《文武香球》、《玉蜻蜓》等，次第編出，頗受社會歡迎。現今又出一部《雙珠鳳》，在我們南邊人，沒有不知道這部書的名的。書中的情節十分離奇，前段如送花樓會等，更是風流蘊藉，且以後演出兩樁命案，變幻百出，愈令人拍案叫絕。惟來富唱山歌一節，主僕通情，略近穢褻，現經名手改削，把山歌一一修正，較有趣味，仍不失書中的本來面目，正就是古人所說的『關雎樂而淫』呢！最後天道昭彰，判分善惡，雖不脫老小說的窠臼，卻又不得不照舊譯出，好叫人心爲之一快！料想看書人也一定贊成的。！」〔註21〕

從中可知，廣益書局改編了大量彈詞名篇，如，《三笑》、《描金鳳》、《文武香球》、《玉蜻蜓》等。江蝶廬還改編過《玉夔龍全傳》，也由廣益書局出版，正文前有作者1937年的自序。1988年中國書店還根據廣益書局本影印出版由夢花館主編的《白蛇傳前後傳》小說。

有些彈詞名篇因爲深受大眾喜愛，被不同的書局請人改編成多部小說。如，程瞻廬將彈詞《三笑》和《換空箱》的故事融爲一體，改編成《唐祝文周四傑傳》小說，初版於30年代，現有重印本。程瞻廬在小說的楔子中通過

〔註20〕張宇緯，《想起民國時的幾家書局》，《出版商務周報》2006年12月28日。
〔註21〕周良、朱禧，《彈詞目錄彙抄、彈詞經眼錄》，古吳軒出版社2006年版，87頁。

張老先生之口，表達了他改編的目的：「蘇州式彈詞的勢力範圍只不過於江蘇的蘇常鎮、浙江的杭嘉湖，大江以北的人，便不喜歡蘇州式的彈詞，聽了也不易瞭解。其他各省，益發沒有蘇州式彈詞的立足點了。我以爲唐祝文周四大才子確是小說中的好腳色，所可惜的，《三笑姻緣》《八美圖》《換空箱》等書，都是彈詞體例，其中對白，完全是吳儂軟語，他方人見了，宛比天書艱讀。倘把唐祝文周四大才子的許多佳話，不用彈詞體描寫，而用平話體描寫，順便把許多不合情理的地方一一加以校正，我想這部書的銷行一定很廣的。」〔註22〕

　　何可人也將《八美圖》、《三笑》、《換空箱》這三部彈詞改寫成了《唐祝文周全傳》小說，江蘇廣陵古籍刻印社 1984 年根據良友合作社印本重印時，在正文前保留了作者寫於 1935 年的自序。何可人在《唐祝文周全傳》中說：「《八美圖》、《三笑》、《換空箱》這三部書；都是蘇州式的彈詞，又是吳儂軟語。它的勢力，只限於江浙兩省。大江以北的人，讀了不易瞭解，現在改爲平話撰述。順便再把不合情理的地方，加以糾正，我想這部書比較它這三部書，容易一讀吧。」〔註23〕此外他還著有《唐祝文周全傳續集》，其實是《唐祝文周全傳》的下集，自序於 1936 年 3 月 12 日，海天出版社 1988 年重印。

　　廣益書局的競爭對手新文化書社也改編出版過不少彈詞，如薛恨生改編的《海公小紅袍》，共四十二回，1934 年由新文化書社出版。

三、晚清民國鉛印、石印本彈詞的傳播特點

　　鉛印、石印術的盛行，不僅使彈詞文本的數量增加，也使其傳播方式產生了巨大的改變，與刊刻本彈詞相比，此時的彈詞文本隨著圖書價格的日益親民，在書局全國各地的銷售網點都有銷售，而且書局還不遺餘力的進行廣告宣傳，這些都大大擴大了彈詞文本的傳播範圍和接受群體，使彈詞文本的傳播進入一個嶄新的時代。

（一）廣告宣傳

　　到了晚清民國時期，彈詞文本的銷售大大加入了廣告宣傳的元素，在報刊刊登廣告成爲一種流行趨勢，《申報》上就有不少彈詞的發行廣告，如光緒二十五年（1899）十一月二十八日有關《鍾情傳》的廣告：

〔註22〕程瞻廬，《唐祝文周四傑傳》上冊，吉林文史出版社 1986 年版，楔子 7 頁。
〔註23〕何可人，《唐祝文周全傳》，江蘇廣陵古籍刻印社 1984 年版，序 1 頁。

　　《鍾情傳》一書共七十六回，雖係彈詞體裁，然其中情節曲
折麗雅，命意清新，向只傳抄，未經刊印，今從友人處獲得家藏稿
本，付諸石印，紙張潔白，圖畫鮮明，凡騷壇才一子，繡閣名妹，
一經瀏覽，詢足消遣睡魔，破除煩惱也。書凡八本，每部碼洋四角，
上海棋盤街文瑞樓、江左書林、飛鴻閣，四馬路遊戲報館、文宜書
局，及各書坊均有發售。

　　此外，還有在其他書中做廣告的。如倪高風的《倪高風開篇集》中就有
《啼笑因緣彈詞》的廣告：「前集兩大厚冊，約計四十萬言，有唱詞，有說白，
有表情，有演法，原原本本，詳詳細細，觀書聽唱，心領神會，揣摩半月，
可以登場客串，前集業已再版，內容修正，減售一元。續集現已付梓，徵求
預約，只收一元。本書每晚七時至八時特請朱耀祥、趙稼秋兩君假坐東方電
台照書彈唱。本書代售處：老九和綢緞局，天發祥皮貨局，蓮花出版館。總
發行所兼出版處：上海虹口梧州路，一新坊第十八號三一公司，電話五三七
六九。本書發行者：汪仲年，戴桐秋，倪高風。」〔註24〕

（二）傳播範圍和接受群體的擴大

　　在石印本彈詞出現之前，人們要想看彈詞文本就需要去購買或租賃鋪租
借手抄本或者刻本，這是一筆數目不小的費用。由於資料的匱乏，當時購買、
租賃彈詞的費用、手續等情況究竟如何，都還沒有發現直接的材料，我們可
以從李家瑞《清代北京饅頭鋪租賃唱本的概況》中得到一些相關信息，「一、
永隆齋鈔本《福壽緣鼓詞》上的長章云：『本齋出賃四大奇書，古詞野史，一
日一換，如半月不換，押賬變價為本，親友莫怪，撕書者男盜女娼。』本鋪
在交道口南路東便是。」二、興隆齋鈔本《大晉中興鼓詞》上的長章云：『本
齋出賃鈔本公案，言明一天一換，如半月不換，押賬作本，一月不換，按天
加錢。如有賃去將書哄孩，撕去書皮，撕去書編，撕紙使用，胡寫、胡畫、
胡改字者，是男盜女娼，妓女之子，君子莫怪。』……每本租賃的價錢，據
三美齋《天賜福》書面標的，光緒元年是九文錢的，……聚文齋鈔本《三國
志鼓詞》上有一個全圖章說：『失書一本，賠錢一弔。』……可知他們的書，
每本的作價都是一百文。」〔註25〕彈詞的租賃情況應該與鼓詞相類似，從中
可知租賃尚且如此，購買肯定價格不菲。

〔註24〕倪高風，《倪高風開篇集》，新國民印書館 1935 年版，前言 4 頁。
〔註25〕張靜盧，《中國出版史料補編》，中華書局 1957 年版，134～135 頁。

　　而石印本彈詞的定價從《申報》的廣告來看大概每部二角、四角左右，
這比租借要便宜得多。石印本彈詞相對於刊刻本彈詞不僅價格實惠，而且由
於石印技術可以隨意縮小，因此許多石印本彈詞多為袖珍函裝，便於攜帶。

　　除了印刷便捷、價格便宜之外，此時書局在各地的銷售網點也增加不少，
很多書局在各地開有分店，促使了彈詞文本在各地廣為流傳。書商們在賺得
利潤的同時，也在不知不覺中，為彈詞這一文化遺產的保護與傳承作了一個
很大的貢獻。

結　語

　　中國古代的說唱文學繁盛，彈詞便是其中的一員，一直延續至今，並留下了大量的文本。本文主要探討了書場彈詞與文人彈詞在晚清民國發生的轉變，揭示了此時的彈詞在傳播方式、作品的風格與內容等方面與明清彈詞相比都出現了不少改變。

　　隨著新中國的成立，彈詞也進入了新的時期。建國初期，彈詞演唱及創作迎來了又一個興盛期。不少名家以飽滿的熱情投入到彈詞創作中去，以此來配合新的生活，宣揚英雄事蹟。如平襟亞創作的《三上轎》，以農民與惡霸地主的鬥爭為主要內容。范煙橋創作的《人民英雄郭忠田彈詞》講述了抗美援朝一級戰鬥英雄的事蹟等。彈詞的內容在此時又有了新的轉變。

　　經過「文革」的短暫停滯後，彈詞在新的歷史時期與媒體以及新媒體不斷相互影響，然而，由於民眾的娛樂生活日益豐富，生活節奏加快，彈詞的盛況不再。

　　隨著全球對非物質文化遺產的重視，彈詞藝術又獲得了新生，蘇州彈詞、揚州彈詞、長沙彈詞等均被列入國家級非物質文化遺產，並進行保護。當前，有關彈詞不同的演出場所以及彈詞演員的生存狀況都需要更進一步的調查研究，從而瞭解彈詞的發展現狀，分析其在與媒體的結合中所遇到的問題，如接受群體的萎縮問題，傳播過程中的版權問題等等，探索如何使彈詞這種古老的曲藝得以更好的延續與發展。

　　不可否認，在彈詞發展中一個極為重要的問題是如何在增強彈詞自身吸引力的同時培養新的欣賞群體。如今，由於選擇面的寬廣，很少有青年人自己走進書場，而新媒體深受年輕人的喜愛，具有更大的傳播空間，在彈詞的

傳播中具有不可比擬的優勢，因此在新媒體時代，如何發掘與認識新媒體在彈詞的傳播與發展中的功能與意義，值得研究者進一步探討，促使彈詞在新媒體時代能夠更好的傳承與發揚傳統文化，延續這種優秀的非物質文化遺產。

　　非常開心此書有出版的機會，在此，向揚州大學、蘇州大學的各位師友特別是我的導師董國炎教授、湯哲聲教授以及蘇州市職業大學的各位同仁致以深深的謝意，是老師們的鼓勵和同學、同事們之間學術研究的氛圍激勵著我前進。再次感謝在論文寫作期間給予我幫助的每一位師友，也趁此機會，感謝我親愛的父母對我的理解與包容。謝謝你們！

附錄：清末民初報刊彈詞目錄

清末民初發表於報刊的彈詞數量亦不少，但大多不為人知，故編目於此：

清末民初報刊彈詞目錄

1、《少年軍》，鋒郎，《杭州白話報》，1903 年（23），（24）。

2、《女中師》，《杭州白話報》，1903 年（28）。

3、《亡國恨》，鋒郎，《杭州白話報》，1903 年（29）。

4、《哀新年》，《杭州白話報》，1903 年（33）。

5、《新編彈詞俗耳針砭》（未完）（從第二次開始為新編彈詞《醒世緣》），
   謳歌變俗人，《繡像小説》，1903 年（1），（2），（3），（4），（5），（6）；
   1904 年（25）；1905 年（48），（52），（53），（54），（59）；1906 年（68），
   （69）。

6、《海棠花》，蝶花，《白話》，1904 年（3）。

7、《辱國紀念史》（未完），《鵑聲》，1905 年（1）。

8、《瀛妹雙俠》（未完），郢白，《江蘇白話報》，1905 年（1）。

9、《自由花彈詞》，棠樾村人，《安徽俗話報》，1905 年（19），（20），（21、
   22）。

10、《強權鏡》（未完），報界隱者，《振華五日大事記》，1907 年（47）。

11、《賭累》（未完），報界隱者，《半星期報》，1908 年（7），（8），（9），（11）。

12、《轟慧娘彈詞》，鈍根，《遊戲雜誌》，1913 年（1）；1914 年（2），（3），
   （4），（6），（7），（8），（9），（10），（11）；1915 年（12），（18），（19）。

13、《十二個月新彈詞》，皖南女俠，《自由雜誌》，1913 年（2）。

14、《翡翠雙錢記》，剪瀛，《小説旬報》，1914 年（2），（3）。

15、《茱甲》，飛搏，《小説旬報》，1914 年（2）。

16、《瀟湘影彈詞》，天虛我生，《女子世界》(中華圖書館)，1914 年(1)，(2)；
　　1915 年(3)，(4)，(5)，(6)。

17、《雲花夢彈詞》，韓天嘯，《亞東小說新刊》，1914 年(1)，(2)。

18、《焚蘭恨彈詞》，天陵一蝶，《小說叢報》，1914 年(1)，(2)，(3)，(4)，
　　(5)，(6)；1915 年(7)，(8)，(9)，(10)，(11)，(12)。

19、《玉女恨彈詞》，醒，《小說叢報》，1914 年(1)，(2)，(3)，(4)，(5)，
　　(6)；1915 年(7)，(8)，(9)，(10)，(11)，(12)，(13)，(14)，(16)，
　　(17)；1916 年(18)，(19)，(20)，(21)，(22)。

20、《王孫夢彈詞》，醒獨，《繁華雜誌》，1914 年(3)，(4)，(5)，(6)。

21、《茶別》，就依，《遊藝雜誌》，1915 年(1)。

22、《芙蓉淚彈詞》，醒，《小說新報》，1915 年(1)，(2)，(3)，(4)，(5)，
　　(6)，(7)，(8)，(9)，(10)，(11)；1916 年 2(1)，2(2)，2(3)，2
　　(4)，2(5)，2(6)，2(7)，2(8)，2(9)，2(10)，2(11)，2(12)。

23、《五姨太太》，東江仙謫，《雙星雜誌》，1915 年(2)，(3)。

24、《兒女孽彈詞》，飲甜，《文友社雜誌》，1915 年(6)，(7)，(8)，(9)。

25、《荊釵記彈詞》，姚琴孫，《小說叢報》，1915 年(15)，(16)，(17)；
　　1916 年 3(1)，3(2)，3(3)，3(4)，3(5)；1916 年(18)，(19)，(20)，
　　(21)，(22)；1917 年 3(6)，3(7)，3(8)，3(9)，3(10)，3(11)，
　　3(12)。

26、《閨中鑒彈詞》，婉青女史，《家庭雜誌》(上海)，1915 年 1(1)。

27、《乳娘血彈詞》，泣紅女史，《眉語》，1915 年 1(3)。

28、《相御妻彈詞》，惜華，《婦女雜誌》(上海)，1915 年 1(10)。

29、《霜整冰清錄彈詞》，惜華，《婦女雜誌》(上海)，1915 年 1(11)；
　　1916 年 2(4)，2(5)，2(6)，2(7)，2(11)；1917 年 3(1)，3(3)，
　　3(4)，3(5)，3(6)，3(7)，3(10)。

30、《賣花記》，雪兒，《四川公報增刊》，1915 年 2(1)，2(3)。

31、《孟子齊人章演義》，惜華，《小說月報》(上海)，1915 年 6(9)。

32、《西泠劇彈詞》，絳珠女史著，東園潤文，《小說月報》，1915 年 6(10)，
　　6(11)，6(12)。

33、《廣陵潮》(未完)，東園，《邗江雜誌》，1916 年(1)；1917 年(2)。

34、《電報發明彈詞》，義水，《婦女時報》，1916 年(19)。

35、《瑤臺第一妃彈詞》，絳珠女史著，東園潤文，《小說海》，1916 年 2(4)，
　　2(5)。

36、《瀟溪女史彈詞》，絳珠，東園，《小說海》，1916 年 2(6)，2(7)，
　　2(8)。

37、《五女緣彈詞》，絳珠，東園，《小說海》，1916 年 2（9），2（10），
　　2（11），2（12）。

38、《勢利鏡彈詞》，惜華，《婦女雜誌》（上海），1916 年 2（12）。

39、《桃花源彈詞》，惜華，《小說月報》（上海），1916 年 7（1）。

40、《富爾敦發明輪船彈詞》，義水，《小說月報》（上海），1916 年 7（2）。

41、《照相發明彈詞》，義水，《小說月報》（上海），1916 年 7（3）。

42、《論語齊景公待孔子五章彈詞》，悟書，《小說月報》（上海），1916 年
　　7（11）。

43、《戚三郎彈詞》，惜華子，《小說月報》（上海），1916 年 7（12）。

44、《歐戰記事新木蘭從軍》，秦俠，《通俗周報》，1917 年（6）。

45、《林婉娘彈詞》，醒獨，《小說新報》，1917 年 3（1），3（2），3（3），
　　3（5），3（6），3（7），3（8），3（9），3（10），3（11），3（12）。

46、《揚州夢彈詞》，東園，《小說海》，1917 年 3（4），3（5）。

47、《雙俠殲仇記》，華璧女士，《婦女雜誌》（上海），1917 年 3（8），
　　3（9）。

48、《姑惡鑑彈詞》，西神，《婦女雜誌》（上海），1917 年 3（11）。

49、《聊齋誌異俠女篇彈詞》，檗子，《小說月報》（上海），1917 年 8（6）。

50、《子華使於齊章彈詞》，貫虱西遺著，濟南李翼如家藏抄本，《小說月報》
　　（上海），1917 年 8（7）。

51、《齊人章彈詞》，貫虱西遺著，濟南李翼如家藏抄本，《小說月報》，1917
　　年 8（7），8（8）。

52、《孝女蔡蕙彈詞》，瞻廬，《小說月報》（上海），1917 年 8（10），8（11），
　　8（12）。

53、《同心梔彈詞》，吳縣程文棪，《婦女雜誌》（上海），1918 年 4（1），4（2），
　　4（3），4（4），4（5），4（6）。

54、《哀梨記彈詞》，瞻廬，《婦女雜誌》（上海），1918 年 4（7），4（8），4
　　（9），4（10），4（11），4（12）。

55、《蘇小小彈詞》，吳絳珠，《小說新報》，1918 年 4（12）。

56、《明月珠彈詞》，瞻廬，《小說月報》（上海），1918 年 9（1），9（2），
　　9（3），9（4），9（5），9（6），9（7），9（8）。

57、《藕絲緣彈詞》，瞻廬，《小說月報》（上海），1918 年 9（9），9（10），
　　9（11），9（12）；1919 年 10（1），10（2），10（3），10（4），10（5），
　　10（6），10（7），10（8），10（9），10（10），10（11），10（12）；1920
　　年 11（1），11（2），11（3），11（4）。

58、《君子花彈詞》，瞻廬，《婦女雜誌》（上海），1919 年 5（1），5（2），

5（3），5（4），5（5），5（6），5（7），5（8），5（9），5（10），5（11），5（12）。

59、《逃扇》，守拙，《小說新報》，1920 年（11）。

60、《鐵血美人彈詞》，胡寄塵，《小說月報》（上海），1920 年 11（5），11（6），11（7），11（8），11（9），11（10），11（11），11（12）。

61、《紅繡鞋彈詞》，戚飯牛，《消閒月刊》，1921 年（1），（5），（6）。

62、《還珠記彈詞》，《飯後鐘》，1921 年（28）。

63、《玉交柯彈詞》，范煙橋，《家庭》（上海），1922 年（1），（2），（3），（4），（5），（6），（7），（8），（9），（10），（11），（12）。

64、《落花恨彈詞》，譚正璧，《晚霞》，1922 年（2），（3）（4），（5），（6）。

65、《新彈詞》，戚飯牛，《紅雜誌》，1923 年（2）。

66、《紅妝豔影新彈詞》，戚飯牛，《紅雜誌》，1923 年（9）。

67、《中秋彈詞》，朱蘭庵，《紅雜誌》，1923 年（9）。

68、《民國彈詞》，戚飯牛，《紅雜誌》，1923 年（13）。

69、《婢作夫人》，程瞻盧，《紅雜誌》，1923 年（15）。

70、《妖怪世界》，程瞻盧，《紅雜誌》，1923 年（20）。

71、《西廂新彈詞》，戚飯牛，《紅雜誌》，1923 年（50）。

72、《馮婕妤當熊彈詞》，許舜屏，《紅雜誌》，1923 年 2（2）。

73、《團圓鏡彈詞》，朱君庸，《民眾文學》，1923 年 2（8）。

74、《俠舉子彈詞》，程瞻盧，《紅雜誌》，1923 年 2（12）。

75、《新年閨訓彈詞》，徐恥痕，《紅雜誌》，1923 年 2（21）。

76、《梨棠影彈詞》，高潔，《小說新報》，1923 年 8（1），8（4），8（5），8（6）。

77、《五女全貞記彈詞》，東園，《小說新報》，1923 年 8（8），8（9）。

78、《楊妃劫彈詞》，何景聯，《小說日報》，1923 年第 211 期至第 227 期。

79、《沙士比亞若逸玖嫻新彈詞》，鄧以蟄，《晨報副刊》，1924 年（91），（92）。

80、《風流罪人》，映清，《社會之花》，1924 年 1（1），1（3），1（4），1（5），1（6），1（7），1（8），1（9），1（10），1（13），1（14），1（15），1（17），1（18），2（1），2（2），2（3），2（4），2（5），2（6），2（7），2（8），2（9）；1925 年 2（10），2（11），2（12），2（13），2（14），2（15），2（17），2（18）。

81、《碎琴夢彈詞》，憨珠，《寧波周報》，1924 年 1（1），1（2），1（3），1（4），1（5），1（6），1（7），1（8），1（9），1（10），1（11），1（12），

1（13），1（14），1（15），1（16），1（17），1（18），1（19）；1925 年 2（1），2（2），2（3）。

82、《歪彈詞》，程瞻廬，《紅玫瑰》，1924 年 1（2）。

83、《上海新彈詞》，飯牛翁，《紅玫瑰》，1924 年 1（3）。

84、《矛盾新彈詞》，屠守拙，《紅雜誌》，1924 年 2（38）。

85、《齊人乞食章彈詞》，朱楓隱，《紅雜誌》，1924 年 2（39）。

86、《學校現形記》，吳門郁郁生，《木鐸周刊》，1924 年（206）。

87、《復太古彈詞》，風道人，《野語》，1925 年（1），（2），（3），（4）。

88、《醒迷魂彈詞》，風道人，《野語》，1925 年（5）。

89、《重陽彈詞》，重威，《兒童世界》（上海），1925 年 16（2）。

90、《小遊藝會》，重威，《兒童世界》（上海），1926 年 17（17），17（19），17（20），17（21），17（23）。

91、《波蘭復國之彈詞》，《軍事雜誌》（南京），1929 年（18）。

92、《嗎啡劫彈詞》，無名氏，《山西村政旬刊》，1930 年（13），（14），（15），（16），（17）。

93、《雙十節彈詞》，嵇爾選，《無錫童報》，1930 年（50）。

94、《董小宛》（未完），周郎，《奮報》，1930 第 490 期至第 535 期。

95、《抗日彈詞》，待琳，《高農期刊》，1931 年創刊號。

96、《貫奉雄成仙》，許舜屏，《金鋼鑽月刊》，1933 年 1（1）。

97、《百花彈詞》，錢怒白，《揚善半月刊》，1934 年 1（20）。

98、《詠史彈詞周公謹》，崔卿，《民族魂》（上海），1934 年 2（2）。

99、《百靈廟彈詞》，非非，《新眞如》，1937 年 2（1）。

100、《勸當兵彈詞》，童振華，《全民周刊》，1938 年 1（9）。

101、《新娘嘆彈詞》，繆天華，《幽默風》，1939 年（1），（2）。

102、《抗戰二周年彈詞》，老向，《民意周刊》，1939 年（87）。

103、《民主彈詞》，嫩娘，《婦女界》，1940 年（6）。

104、《王孫母教子討賊》，筱群，《社會教育輔導》，1943 年（1）。

105、《青弋江》，趙景深，《少年文選》，1949 年（1）。

參考文獻

一、著述（以朝代及出版年份排列）

1. （宋）西湖老人，《繁盛錄》，《四庫全書存目叢書》史 247 冊，齊魯書社 1996 年版。

2. （明）臧懋循，《負苞堂集》，古典文學出版社 1958 年版。

3. （明）田汝成，《西湖遊覽志餘》，浙江人民出版社 1980 年版。

4. （明）郎瑛，《七修類稿》，《續修四庫全書》第 1123 冊，上海古籍出版社 1995 年版。

5. （清）袁枚，《隨園詩話》，人民文學出版社 1982 年版。

6. （清）王韜，《淞濱瑣話》，《筆記小說大觀》第 35 冊，江蘇廣陵古籍刻印社 1984 年版。

7. （清）顧祿撰、來新夏點校，《清嘉錄》，上海古籍出版社 1986 年版。

8. （清）陳世鎔等纂，《道光泰州志》，《中國地方志集成·江蘇府縣志輯》50，江蘇古籍出版社 1991 年版。

9. （清）厲鶚，《樊榭山房集》，上海古籍出版社 1992 年版。

10. （清）陳作霖，《可園文存》，《續修四庫全書》第 1569 冊，上海古籍出版社 1995 年版。

11. （清）顧震濤，《吳門表隱》，江蘇古籍出版社 1999 年版。

12. 譚正璧，《中國女性文學史》，上海光明書局 1935 年版。

13. 郭沫若，《戰時宣傳工作》，青年書店 1938 年版。

14. 張靜廬，《中國現代出版史料》（甲編），中華書局 1954 年版。

15. 張靜廬，《中國近代出版史料》（初編、二編），中華書局 1957 年版。

16. 張靜廬，《中國出版史料補編》，中華書局 1957 年版。

17. 阿英，《晚清文藝報刊述略》，古典文學出版社 1958 年版。

18. 阿英,《晚清文學叢鈔・小說戲曲研究卷》,中華書局 1960 年版。

19. 包天笑,《釧影樓回憶錄》,香港大華出版社 1971 年版。

20. 陳寅恪,《寒柳堂集》,上海古籍出版社 1980 年版。

21. 譚正璧、譚尋,《彈詞敍錄》,上海古籍出版社 1981 年版。

22. 王利器輯錄,《元明清三代禁燬小說戲曲史料》,上海古籍出版社 1981 年版。

23. 鄭逸梅,《南社叢談》,上海人民出版社 1981 年版。

24. 趙景深,《曲藝叢談》,中國曲藝出版社 1982 年版。

25. 范煙橋,《中國小說史》,長安出版社 1982 年版。

26. 鄭逸梅,《藝壇百影》,中州書畫社 1982 年版。

27. 芮和師、范伯群編,《鴛鴦蝴蝶派文學資料》,福建人民出版社 1984 年版。

28. 魏紹昌編,《鴛鴦蝴蝶派研究資料》,上海文藝出版社 1984 年版。

29. 蘇州評彈研究會編,《評彈藝術》,遠方出版社 1984 年創刊至今。

30. 譚正璧,《中國女性文學史話》,百花文藝出版社 1984 年版。

31. 蔣瑞藻,《小說考證》,上海古籍出版社 1984 年版。

32. 上海市檔案館,北京廣播學院,上海市廣播電視局合編,《舊中國的上海廣播事業》,檔案出版社、中國廣播電視出版社 1985 年版。

33. 譚正璧,《評彈通考》,中國曲藝出版社 1985 年版。

34. 鄭逸梅,《清末民初文壇軼事》,學林出版社 1987 年版。

35. 程潞,《上海經濟地理》,新華出版社 1988 年版。

36. 林明德編,《晚清小說研究》,聯經出版事業公司 1988 年版。

37. 陳平原、夏曉虹,《二十世紀中國小說理論資料第一卷(1897 年～1916 年)》,北京大學出版社 1989 年版。

38. 張子齋,《張子齋文集》,雲南民族出版社 1990 年版。

39. 樂正,《近代上海人社會心態》,上海人民出版社 1991 年版。

40. 曹正文、張國瀛,《舊上海報刊史話》,華東師範大學出版社 1991 年版。

41. 曹之,《中國古籍版本學》,武漢大學出版社 1992 年版。

42. 范伯群主編,《中國近現代通俗作家評傳叢書》(1～12 冊),南京出版社 1994 年版。

43. 孫文光主編,《中國近代文學大辭典(1840～1949)》,黃山書社 1995 年版。

44. 范慕韓,《中國印刷近代史》,印刷工業出版社 1995 年版。

45. 魏紹昌主編,《中國近代文學大系史料索引集》,上海書店 1996 年版。

46. 吳宗錫主編，《評彈文化詞典》，漢語大詞典出版社 1996 年版。

47. 夏曉虹，《中國現代學術經典・梁啓超卷》，河北教育出版社 1996 年版。

48. 嚴家炎編，《二十世紀中國小說理論資料・第二卷》，北京大學出版社 1997 年版。

49. 董文成、李勤學主編，《中國近代珍稀本小說》第 3 冊，春風文藝出版社 1997 年版。

50. 劉揚體著，《流變中的流派：「鴛鴦蝴蝶派」新論》，中國文聯出版公司 1997 年版。

51. 戴鞍鋼、黃葦主編，《中國地方志經濟資料彙編》，漢語大詞典出版社 1999 年版。

52. 湯哲聲，《中國現代通俗小說流變史》，重慶出版社 1999 年版。

53. 周葱秀、涂明，《中國近現代文化期刊史》，山西教育出版社 1999 年版。

54. 陳伯熙，《上海軼事大觀》，上海書店 2000 年版。

55. 范伯群主編，《中國近現代通俗文學史》，江蘇教育出版社 2000 年版。

56. 李孝悌，《清末的下層社會啓蒙運動：1901～1911》，河北教育出版社 2001 年版。

57. 李歐梵著，毛尖譯，《上海摩登：一種新都市文化在中國 1930～1945》，北京大學出版社 2001 年版。

58. 李長莉，《晚清上海社會的變遷——生活與倫理的近代化》，天津人民出版社 2002 年版。

59. 周良，《蘇州評彈史稿》，古吳軒出版社 2002 年版。

60. 鮑震培，《清代女作家彈詞小說論稿》，天津社會科學院出版社 2002 年版。

61. 柯靈主編，《阿英全集》，安徽教育出版社 2003 年版。

62. 陳平原，《中國小說敘事模式的轉變》，北京大學出版 2003 年版。

63. 李明山，《中國近代版權史》，河南大學出版社 2003 年版。

64. 董國炎，《明清小說思潮》，山西人民出版社 2004 年版。

65. 陳平原，《文學的周邊》，新世界出版社 2004 年版。

66. 薛海燕，《近代女性文學研究》，中國社會科學出版社 2004 年版。

67. 宋莉華，《明清時期的小說傳播》，中國社會科學出版社 2004 年版。

68. 〔美〕韓南著，徐俠譯，《中國近代小說的興起》，上海教育出版社 2004 年版。

69. 陳平原，《中國現代小說的起點——清末民初小說研究》，北京大學出版社 2005 年版。

70. 鄭振鐸，《中國俗文學史》，商務印書館 2005 年版。

71. 上海通志編纂委員會編，《上海通志》第 8 冊，上海社會科學院出版社 2005 年版。

72. 鄭逸梅，《文苑花絮》，中華書局 2005 年版。

73. 王玉琦，《近現代之交中國文學傳播模式轉換研究》，江西人民出版社 2005 年版。

74. 王德威著，宋偉傑譯，《被壓抑的現代性：晚清小說新論》，北京大學出版社 2005 年版。

75. 周良，《蘇州評彈舊聞鈔（增補本）》，古吳軒出版社 2006 年版。

76. 王得後編注，《魯迅雜文全編》，陝西師範大學出版社 2006 年版。

77. 張秀民著、韓琦增訂，《中國印刷史》，浙江古籍出版社 2006 年版。

78. 李楠，《晚清民國時期上海小報（插圖本）》，人民文學出版社 2006 年版。

79. 周良、朱禧，《彈詞目錄彙抄、彈詞經眼錄》，古吳軒出版社 2006 年版。

80. 方平，《晚清上海的公共領域（1895～1911）》，上海人民出版社 2007 年版。

81. 陳存仁，《抗戰時代生活史》，廣西師範大學出版社 2007 年版。

82. 湯哲聲，《中國現代通俗小說思辨錄》，北京大學出版社 2008 年版。

83. 胡曉眞，《才女徹夜未眠——近代中國女性敘事文學的興起》，北京大學出版社 2008 年版。

84. 盛志梅，《清代彈詞研究》，齊魯書社 2008 年版。

85. 周巍，《技藝與性別：晚清以來江南女彈詞研究》，上海人民出版社 2010 年版。

86. 吳琛瑜，《晚清以來蘇州評彈與蘇州社會——以書場爲中心的研究》，上海人民出版社 2010 年版。

二、期刊論文（依年代先後排列）

1. 鄭貞文，《由〈榴花夢〉談到〈鏡中夢〉》，《文匯報》1962 年 11 月 14 日。

2. 郭英德，《元明的文學傳播與文學接受》，《求是學刊》1999 年第 2 期。

3. 胡曉眞，《秩序追求與末世恐懼——由彈詞小說〈四雲亭〉看晚清上海婦女的時代意識》，《近代中國婦女史研究》2000 年第 8 期。

4. 潘建國，《明清時期通俗小說的讀者與傳播方式》，《復旦學報》2001 年第 1 期。

5. 湯哲聲，《蛻變中的蝴蝶——論民初小說創作的價值取向》，《文學評論》2001 年第 2 期。

6. 宋莉華，《近代石印術的普及與通俗小說的傳播》，《學術月刊》2001 年第 2 期。

7. 胡曉眞，《閨情、革命與市場：由民初彈詞小說家姜映清談起》，羅久蓉、呂妙芬主編，《無聲之聲（III）：近代中國的婦女與文化（1600～1950）》，中央研究所近代史研究所 2003 年版。

8. 秦燕春，《晚清以來彈詞研究的誤區與盲點——「書場」缺失及與「案頭」的百年分流》，《蘇州大學學報》2004 年第 1 期。

9. 湯哲聲，《新文學對市民小說的三次批判及其反思》，《中國現代文學研究叢刊》2004 年第 4 期。

10. 鮑震培，《閨中無靜女——晚清女作家彈詞與「振興女權」》，《華東師範大學學報》2004 年第 4 期。

11. 秦燕春，《鴛蝴文人的民間情結——以案頭彈詞創作及評彈演出、發展爲中心》，《蘇州大學學報》2005 年第 5 期。

12. 胡曉眞，《新理想、舊體例與不可思議之社會——清末民初上海文人的彈詞創作初探》，李孝悌編，《中國的城市生活》，新星出版社 2006 年版。

13. 秦燕春，《「十里洋場」的「民間娛樂」——近世上海的評彈演出及其後續發展》，《民族藝術研究》2006 年第 6 期。

14. 申浩，《社會史視野下的評彈文化變遷》，《上海師範大學學報》2007 年第 5 期。

15. 郭延禮，《20 世紀初女性政論作家群體的誕生》，《中國現代文學研究叢刊》2009 年第 3 期。

16. 范伯群，《1921～1923：中國雅俗文壇的「分道揚鑣」與「各得其所」》，《文學評論》2009 年第 5 期。

17. 夏美君，《試論蘇州評彈的書目文本傳承》，《蘇州科技學院學報》2009 年第 3 期。

18. 周巍，《明末清初至 20 世紀 30 年代江南「女彈詞」研究——以蘇州、上海爲中心》，《史林》2006 年第 1 期。

19. 唐力行，《從蘇州到上海：評彈與都市文化圈的變遷》，《史林》2010 年第 4 期。

20. 洪煜，《近代上海小報視野下的蘇州評彈》，《史林》2010 年第 1 期。

21. 洪煜，《近代上海小報與蘇州評彈》，《史學月刊》2010 年第 8 期。

22. Carlton Benson, "From Teahouse to Radio：Storytelling and the Commercialization of Culture in 1930s Shanghai", Ph.D.Diss., University of California, Berkeley, 1996.

23. 申浩，《從邊緣到中心：晚清以來上海評彈研究》，上海師範大學 2012 年博士論文。

24. 張延莉，《評彈流派的歷史與變遷——流派機制的上海敘事》，上海音樂學院 2012 年博士論文。